トランプ2.0

米中新冷戦

予測不能への備え方

細川昌彦

日経BP

序章

「米国の黄金時代が始まる」

2025年1月20日、ドナルド・トランプ氏が第47代米国大統領に就任した。連邦議会議事堂の会場での自信満々の就任演説だ。17年からの第1期政権から、再び返り咲いた。

「同盟国の〝受難の時代〟が再び始まる」

そう思って演説を聞いた人も多いだろう。「米国第一」を掲げ、第2期トランプ政権は衝撃的に始動した。閣僚にも「忠臣」を集めて、1期目のような暴走を止めるブレーキ役が不在で、より大胆・過激になると懸念されている。その結果、自国中心の独善的な行動に世界は振り回される。

関税を〝脅し〟に使うトランプ流外交はまさに「経済を武器に使う」ものであり、経済的威圧の典型だ。この経済的威圧とは、これまで中国に対して日米欧が連携して厳しく批判してきたものだ。これでは「米国の中国化」と言われても仕方がない。

繰り返すトランプ流交渉術

予測不能といわれるトランプ大統領だが、ある種の〝手掛かり〟もある。いくつか挙げよう。

トランプ大統領は常に短期的に目に見えた成果をアピールすることを狙う。第1期の貿易戦争でも私は、**「喧嘩《けんか》しやすい相手から喧嘩するのがトランプ流だ」**と指摘した。メキシコやカナダは安全保障を米国に頼るだけでなく、両国とも輸出は米国向けが7~8割と依存度が高い。隣国で他に選択肢がない。これほど、くみしやすい相手はいない。こうして弱い相手から順次攻めていった。

まず韓国、メキシコ、カナダと次々と中間選挙でアピールできる成果をとっていった。そして中間選挙後は残った難物の欧州連合（EU）と日本だった。

早速、今回も第2期トランプ政権の第1ラウンドとして、関税を〝脅し〟に、合成麻薬の流入阻止を求めてメキシコ、カナダを標的にしている。あるテレビ番組で「なぜ、メキシコ、カナダなのか」との質問に、もっともらしく解説があったが、そんな理屈はトランプ大統領には無関係だ。

トランプ大統領はこうした自分の交渉術に酔いしれている。

もう1つの第1期での教訓は、トランプ大統領の徹底した「選挙至上主義」だった。かつての鉄鋼業や自動車産業で栄えた中西部の白人労働者という岩盤支持層に対して、中間選挙に向けて得点を稼ぐことが最大の関心事となっていた。これは今回も変わらない行動原理だ。特に薄氷の議会の優位性を考えれば、任期後半にレームダック化しないためには中間選挙の勝利は不可欠だ。

こうした第1期を振り返れば、今後を見通す上で役に立つ。

第1期の苦い経験から対策する中国

世界中が注視しているのが「米中新冷戦」といわれる米中関係だ。

トランプ大統領と習近平（シー・ジンピン）主席。この二人のリーダーは17年からの4年間、お互い駆け引きを繰り返しながら対峙してきた。当然お互いの出方、生来のクセや性格も知り尽くしている。トランプ大統領の毎日のＳＮＳでの発信も心理状態を分析されているという。

中国の習近平政権は米国のトランプ新政権に対し、まずは対話重視の姿勢を示している。いずれディール（取引）をしたがるトランプ大統領を見越しての反応だ。第1期トランプ政権時の変遷を振り返ると、国内経済の状況も大きくそれぞれ二人の強気、弱気に影響することが分かる。

習国家主席は大統領就任直前のトランプ氏と電話会談を行った。両国関係を管理する意向を示したものとみられている。背景にあるのは低迷する中国経済だ。そこに悪影響を及ぼしかねない関税の応酬の再来は何としても避けたいのが本音だ。この点は8年前とは大きく異なる。

第1期では18年7月から米中の関税合戦が始まったが、双方における読み違え、誤算もあって米中の応酬はエスカレートしていった。トランプ大統領による強引な制裁関税の攻めは、およそ習近平主席の予想を超えたもので、中国は防戦一方に置かれた。結局、関税合戦は経済の体力勝負で、中国は手詰まりとなり、大型商談での輸入拡大で事態打開に動かざるを得なかった。

また19年の中国通信機器大手、華為技術（ファーウェイ）への禁輸措置も中国にとって衝撃だった。米国から半導体の供給を受けられなくなり、主力事業の停止に追い込まれ悲鳴を上げた。

実はこうした苦い経験がその後の中国の対米戦略、戦術の立て直しに大きく影響したのだ。そうした2点を指摘しよう。

新たな武器を持った中国

関税の応酬という「関税合戦」は体力勝負だ。米国の「制裁関税」に対して、「報復関税」で対抗するだけでは、明らかに対中輸入が大きい米国が有利で、対等に戦えない。中国が打つ弾薬は先に尽きてしまって、手詰まりになった。しかも米国はファーウェイなどに対して禁輸措置を行い、「輸出規制」という強力な武器まで使ってきた。その威力を目の当たりにして、これに対応するためには中国も米国と同じような「輸出規制」という新たな武器を備えなければならない。

そこで中国はその後、着々と米国の制度を真似《まね》て〝新たな武器〟を磨いてきた。いわば〝コピー戦術〟だ。

日本も他人事ではない。中国による「輸出規制」という〝新たな武器〟を使った戦いに日本企業も巻き込まれるリスクが高いのだ。

その後、中国は重要鉱物や重要技術での輸出規制を次々繰り出して、この強力な新たな武器を使っている。

第２期での米中対立の戦いでは、単なる関税合戦にとどまらず、輸出規制の武器も繰り出して**「新たな複合戦術」**ができるよう中国は準備を着々と整えているのだ（第２章）。

それは米中対立の第１ラウンドから早速、現れた。

25年２月１日、トランプ大統領は大統領令に署名して、中国に対して10％の追加関税を４日から課した。選挙戦で60％の対中関税を掲げているので、これはまだ序の口だ。

しかし中国は米中の関税合戦で応酬する体力は今の中国経済にはないと見ているようだ。そうかと言って、弱腰では国内世論が持たない。

そこで対抗措置として中国は4日、米国からのエネルギーや農業機械に最大15%の関税を課す方針を発表した。関税措置としては影響の少ない抑制されたものだ。本丸の農産物は、これからに取ってあると見てよい。序盤戦のジャブを打ち合う段階ではこうした対応も可能だ。

そして併せて、グーグルに対する独占禁止法（独禁法）の調査やタングステンなどの重要鉱物の輸出規制も打ち出した。即座に対応したことから準備を入念にしていたことがうかがえる。関税合戦だけでは体力勝負で勝ち目がないので、別の武器も併せて使って米国に対抗する「複合戦術」で臨む方針が明らかになった。

国産化のための技術入手に躍起となる中国

さらに中国はこうした「攻めの武器」だけでなく、禁輸措置への「守り」も強化している。戦略産業の国産化に躍起となっているのだ。

ファーウェイに対する禁輸措置という苦い経験から、中国は半導体の内製化に一層アクセルを踏んだ。さらに22年のロシアによるウクライナ侵攻に対する西側諸国によるハイテク禁輸措置の経済制裁は中国に危機感を一層持たせることになった。

そしてこうした国産化のカギを握るのが海外企業からの先端技術の入手だ。

日本企業はその標的になっているので要注意だ。

様々な重要産業で技術流出のリスクに直面している日本企業に警鐘を鳴らすために、本書では具体的に取り上げよう（第3章）。

対中警戒高まる、米国「オール・ワシントン」

米中対立における米国の動きも、単純にトランプ大統領だけを見ていてはいけない。

私は第1期当時から、トランプ大統領と「オール・ワシントン」の二層構造に分けて考えるべきだ、と指摘していた。「オール・ワシントン」とは議会、政権幹部、情報機関、捜査機関などのワシントンの政策コミュニティーを意味する。

8年前、ワシントン政治の経験ないまま大統領になったトランプ氏が直面したのが、この「オール・ワシントン」との確執だった（第1章）。

トランプ大統領はもともと、中国に対しても取引による目に見えた成果を求めていた。2000億ドルの貿易赤字の削減要求がそうだ。

他方で、議会を中心とした「オール・ワシントン」ではハイテク覇権を巡る対中警戒感が高まっていた。19年のファーウェイに対する制裁やマイク・ペンス副大統領（当時）による中国との〝新冷戦〟宣言ともいうべき演説といった動きがそうだ。

こうした米国の対中政策の二層構造は今日でも変わらない。トランプ大統領が「旋律」を奏でても、「オール・ワシントン」による通奏低音の音量は大きく無視できない。

23年12月、「米国と中国共産党の間の戦略的競争に関する特別委員会」（略して中国特別委）が多くの厳しい対中政策の提言をしている。

バイデン政権になっても対中警戒感一色で、いわば「ワシントン・コンセンサス」といえるものだった。

バイデン政権は中国との対話を模索したが、対中強硬一色の議会は厳しい半導体規制を求めて政権に圧力をかけ続けていた。22年10月以降、バイデン政権が中国に対して先端半導体の輸出規制を次々と強化してきた一連の動きは超党派の議会の圧力を受けたものだった（第4章）。さらに中国製生成AI（人工知能）「ディープシーク」の衝撃的発表で、これに対する規制の動きも加わる。

また、そうした超党派の議会の動きは主戦場である半導体だけにとどまらない。情報・データ漏洩やサイバー攻撃への懸念から、中国の動画配信アプリ「TikTok」、ネット接続して運転支援などをする「コネクテッド・カー（つながる車）」など、データやサイバーの分野でも対中規制を主導している。第2期トランプ政権でもこうした議会主導の動きは大きくなっていくと予想される（第4章）。

こうした米中対立の戦場の広がりはまさに「経済新冷戦」の様相を呈している。

米中貿易対立の全体像

このような第1期トランプ政権以降の中国の加速化した動きや米国「オール・ワシント

■米中貿易戦争の武器

	米国	中国
トランプ	**関税**〈1章〉	**報復関税**〈1章〉
オール・ワシントン	**輸出規制** ・ファーウェイなど〈1章〉 ↓ ・先端半導体〈4章〉	**輸出規制**〈2章〉 ・重要鉱物 ・技術 ・(レアアース)
	データ〈4章〉 TikTok、「つながる車」など (生成AI)	

出所：著者作成
注：〈　〉は記載している章、(　)は今後予想される動き

ン」の対中警戒の動きを考えれば、今後の米中対立はトランプ大統領が仕掛ける関税合戦だけにとどまらず、多面的な戦いになるだろう。トランプ2・0での米中新冷戦を読み解くためにはこうした全体像をつかむことが必要だ。

「関税は最も美しい言葉だ」

　こうしたトランプ大統領の言葉により、関税ばかりに注目が集まる。しかし日本も身構えなければならないのは、トランプ大統領の「関税砲」だけではないのだ。

　そのための一助にしていただくために、図で米中間の貿易対立の構造を整理して、それを記述している各章を示しておいた。

こうした米中両大国の中でどう対処するか。

今、執筆中においても現在進行形で激動に振り回されている。本書はこれを追いかけるのが目的ではない。その底流に流れる背景・意図といった本質をつかむきっかけを提案したい。本書をそうした問題意識で読んでいただければありがたい。

Column

トランプ流交渉術

第1章に入る前に、トランプ流交渉術をご紹介しておこう。

1987年に出版された『トランプ自伝』に、ビジネス成功のための11のトランプ流交渉術を書いている。その中のいくつか興味深いものを取り上げよう。

第1に、大きく考える。

ハッタリ、誇大妄想的であっても「大きな商い」を志向する。ソフトバンクグループなどが今後4年間で米国に最大5000億ドルの投資をするとの大風呂敷の約束は明らかにトランプ好みだった。

習近平主席も17年、訪中したトランプ大統領に2500億ドル規模の大型商談で満足させた。これは誰が見ても〝厚化粧〟の数字で大きく見せることに腐心した「張子の虎」であった。その後、この約束は実行されていないが、一時しのぎでもトランプ好みで効果的であったのは事実だ。

第2に、選択肢を最大化する。

1つの取引、1つのアプローチに固執しない。前出のTikTokを巡る180度の方針転換もそうだ。価値観には無関心で、実利だけで方針転換するトランプ外交にもつながる。これは中国にとって好都合と受け止められている。

第3に、自分を宣伝する。

その結果、メディアに刺激的であること、劇場型であることに飛びつく。支持層にアピールする「見え方」にしか関心がない。

序章

2
繰り返すトランプ流交渉術
第1期の苦い経験から対策する中国
対中警戒高まる、米国「オール・ワシントン」
米中貿易対立の全体像
Column トランプ流交渉術

第1章

トランプ2・0に身構える世界 29

I 看板政策「関税」で世界を揺らす 30

「予測不能なトランプ政権」がロケットスタートを切る
トランプ政権を支える「3派連合」
対中政策、通商政策の中心人物は？
看板政策「関税」を巡る激しい綱引き
「産業の囲い込み」も狙っている
半導体も関税による〝取引〟か
迂回輸出・メキシコも戦々恐々

II トランプ氏の〝オール・ワシントン〟への逆襲が始まった 45

トランプvs「オール・ワシントン」の確執
トランプ流取引の標的になったTikTok

「いわくつきの人物」指名で〝逆襲人事〟
マスク氏が政権波乱の時限爆弾か

III 米中関係はどうなるのか 56

対中は「デカップリング（分断）」の荒っぽさ
中国の巧みな交渉術
各国が学習した「トランプ政権」との付き合い方
「弱い日欧」で歯止め役不在

Column ファーウェイを巡るワシントンの暗闘

第2章 中国が振りかざす「経済の武器化」

73

I 常態化する「経済の武器化」

74

各国の対中依存を高めさせる戦略

中国の巨大市場が武器に

「輸出規制」という武器を持った中国

レアアースも報復カードに

中国の「情報戦」には要注意

米中の「再輸出規制」で日本企業は〝股裂き〟

中国版禁輸リストの脅し

大きく揺らぐ日本企業の中国ビジネスの前提

中国、相次ぐ重要鉱物の輸出規制で揺さぶる

天然黒鉛でトヨタに揺さぶり？

米中の攻防が続くレアアース
レアアースを〝十羽ひとからげ〟に見るべからず
「技術の囲い込み」も要注意

Ⅱ　中国による過剰生産を警戒する日米欧　95

中国に政策転換迫る欧米
過剰生産に至る、中国の「段階的戦略」
習主席の強弁「過剰生産問題は存在せず」
欧米は中国製ＥＶの関税引き上げ
中国を刺激したくない日本
「保護主義のデパート」中国が「自由貿易の擁護者」を演じる

第3章 日本企業も標的になる「先端技術の流出」 107

I 「自己完結型のサプライチェーン」のための技術獲得 108

高性能磁石での「苦い経験」

「外資誘致」による技術入手プロセス

他産業で起こっていることを学ぶべし

II 各産業が直面している具体的事例と対応 114

先端電子部品は「日本のお家芸」

複合機での攻防

医療機器、「国産を優先調達」で外資を揺さぶる

ディスプレー部材に食指を動かすＢＯＥ

半導体は部材・装置にも照準を合わせる

苦境の自動車部品の中国撤退
欧州企業の苦い経験と教訓

III 多様な技術獲得の手段 139

技術入手狙いの買収も横行
中国のダミー企業？ が関与する事例も
サイバー攻撃による技術流出も
人材を巡る技術流出

IV 技術流出への対応策 147

必要なのは経営者による「技術の仕分け」
技術流出阻止に政府も新手法を導入
Column 韓国、台湾も技術流出対策の法規制

第4章

新展開を見せる米中の半導体・データ戦争

155

I　米中テクノ冷戦の主戦場・半導体　～シリコン・カーテン～　156

バイデン政権下で対中半導体規制を強化
米国は第2弾の規制強化、中国の〝対米揺さぶり〟
米国は対中半導体規制の第3弾
企業にとって死活問題は米再輸出規制
日本は米中の狭間で「前門の虎、後門の狼」
中国はあの手この手の対抗策を繰り出す
中国製生成ＡＩ「ディープシーク」の衝撃

II　半導体戦争はファーウェイ禁輸から始まった　172

米国によって〝ロックオン〟されたファーウェイ

再輸出規制に振り回される日本企業
日本企業にも影響、禁輸措置の〝抜け穴ふさぎ〟
日本企業に「安全保障リスク」を突き付けたファーウェイ問題

III 半導体を巡る「産業政策の大競争時代」に突入 178

熾烈さ増す、半導体産業の「囲い込み」
中国の対抗策は「汎用半導体でシェア80％」
日本もＴＳＭＣ誘致で参戦
サプライヤー、顧客にまで広げた戦略
中国への向き合い方に悩む日本企業
半導体新会社ラピダスが始動

IV データも米中対立の戦場に 192

中国製「つながる車」排除で自動車業界に激震
港湾クレーンは「トロイの木馬」

ドローンでスパイ懸念排除へ
トランプ政権でも議会主導の主要テーマに
Column 輸出管理の大転換点

第5章 米中に日本はどう向き合うのか 203

I トランプ政権との向き合い方 204
「投資による貢献」カードを切る日本
防衛費と経済安保がカギ
日米協力の柱①「防衛産業の協力」
日米協力の柱②「エネルギー協力」
「日鉄のＵＳスチール買収」いちるの望みはトランプ大統領のディール
トランプ政権では再度、自動車が焦点になるのか

Ⅱ　中国との向き合い方　228
日中関係は米中関係の従属変数
ＴＰＰ加盟交渉の好機狙う
日本の対中政策で抱える課題
企業に対応迫る、「サプライチェーンの中国依存のリスク」
Column　規制の〝抜け穴〟が露呈した「楽天・テンセント問題」
Column　「ドイツは対中融和」と即断は禁物

第6章　「日本が進むべき道」とは
国際連携の結節点を目指して　253
Ⅰ　有志国との仲間づくり　～欧州・グローバルサウス・韓国～　255

欧州
グローバルサウスの取り組みこそ日本の役割
ＩＰＥＦも経済安保の枠組みの１つ
脱炭素でアジアを取り込む戦略
韓国「ポスト尹政権」の〝冬の時代〟に備えよ

Ⅱ 日本が目指すべき国際秩序への貢献 283

「ナイーブな自由」でなく「公正なルールづくり」を主導
Column 誤解だらけの「韓国への輸出管理」問題
～輸出管理への無理解による〝空騒ぎ〟を検証する～

あとがき 292

登場人物の肩書きを含め、本書の記述内容は2025年2月の執筆時点のものです。

第1章

トランプ2.0に
身構える世界

Ⅰ　看板政策「関税」で世界を揺らす

「予測不能なトランプ政権」がロケットスタートを切る

「内向き」「保護主義」「孤立主義」「予測不能なナルシシスト」といわれるトランプ氏が大統領に復帰して、就任直後から世界に衝撃が走っている。

大統領就任初日から多数の大統領令を乱発して、ロケットスタートした。大方の予想通りの内容で、主なものは次の通りだ。

・不法移民、国境管理強化のための非常事態宣言
・エネルギー非常事態の宣言と米国のエネルギーの解放
・アラスカの資源開発
・地球温暖化防止のためのパリ協定からの離脱
・デジタル課税からの離脱
・世界保健機関（ＷＨＯ）からの離脱

・中国発の動画共有アプリ「TikTok」の規制法の執行を延期

さらにトランプ大統領によるSNSでの発信は毎日全開だ。

メキシコ、カナダ、パナマ、グリーンランド、そして不法移民対策では〝見せしめ〟でコロンビアと標的を次々繰り出している。執筆時点では、幸い（？）日本はトランプ大統領の〝レーダースクリーン〟に映っていないようだ。しかし安心は禁物だ。2025年2月7日に行われた日米首脳会談については第5章で紹介しよう。

「予測不能」の中で、予測を試みる材料は、これまで出された政権公約集やトランプ支持のシンクタンクの提言集、さらには第1期トランプ政権での経験だ。

トランプ陣営は政権公約集として「アジェンダ47」を公表しており、そこには20カ条の政策が並んでいた。主な経済政策は次の通りだ。

1. インフレ危機を直ちに終わらせる
2. 金利引き下げ
3. 大規模減税

4. すべての輸入品に一律10％を課す、中国からの輸入品の関税は60％以上に引き上げる。中国に最恵国待遇を認めない
5. 石油天然ガスの採掘推進でエネルギー価格を引き下げる
6. 電気自動車（EV）の義務化を終わらせる

トランプ政権を支える「3派連合」

「予測不能」といわれる中でも、トランプ政権の「本質」は見えてきている。一言で言えば、トランプ大統領を支える閣僚たちは「3派連合」だ。

①**「MAGA（Make America Great Again, 米国第一）派」**（内向き・保護主義・孤立主義）：J.D.バンス副大統領、スティーブン・ミラー次席補佐官、ピーター・ナバロ大統領顧問ら
②**「親ビジネス（小さな政府）派」**（減税・規制緩和）：ウォール街出身のスコット・ベッセント財務長官、ハワード・ラトニック商務長官ら
③**「外交タカ派」**（「力による平和」）：共和党主流のマルコ・ルビオ国務長官、マイケル・ウォルツ国家安全保障担当大統領補佐官ら

敢えて閣僚たちを競わせて、状況に応じて彼らを使い分ける。そして最後は自分が決める。今後の政策については「どの派の誰がトランプ大統領に信頼されるか」が注目点だ。

新政権はロケットスタートを切るため、政権移行チームで政策準備を相当進めた。その結果が大統領就任初日の膨大な大統領令だ。そこが第1期トランプ政権と大きく違う。トランプ大統領は26年11月の中間選挙までの最初の2年間に勝負をかけてくる。発足当初はMAGA派が政策の主導権を握っているようだ。

「経済合理性よりも中間選挙」そうした思考で動くのは第1期と同じだろう。

対中政策、通商政策の中心人物は？

これまで政策全般を仕切っていたのは政策担当の次席補佐官であるミラー氏だった。MAGA派の中心人物の一人だ。

対中政策はルビオ国務長官とウォルツ安保担当補佐官の外交タカ派が中心になる。いずれも対中強硬派として有名で、厳しい対中政策になるのは必至だ。中国による一帯一路政策や軍事力の拡大への危機感を強烈に持っている。パナマ運河やグリーンランドを巡る最近のトランプ氏の過激発言も、中国のこうした地域への影響力の拡大を懸念したものである。


親ビジネス派とされる経済閣僚たちを見てみよう。

財務長官に就いたのは著名投資家のベッセント氏だが、ウォール街とのパイプがある人物の登用はトランプ大統領が中間選挙をにらんで株価を重視している表れと見てよい。「株価重視」は第1期政権でもトランプ大統領の大きな判断要因だった。


商務長官に就いたのは米投資銀行CEOのラトニック氏だ。製造業の国内回帰を進めるが、その手段に高関税も視野に入れている。そのため関税交渉は米通商代表部（USTR）の所管であったが、その責任も担うと発言し、前のめりになって勢い込んでいる。

日本との関係では不安が漂う。

「日本は自動車に100％の関税をかけている」と、とんでもない誤解の発言も堂々としている。早速、議会の公聴会でも「日本の鉄鋼、韓国の家電の場合、我々をただ利用してきた」と主張した。日本にとって相当厄介な相手であることは間違いない。

それでは看板政策の関税について、さらに詳しく見てみよう。あくまでも執筆時である政権発足当初の時点で見えているものだ。その後、情勢や人間関係で変化していくことは大いにあり得るのがトランプ政権なので、お許しいただきたい。

看板政策「関税」を巡る激しい綱引き

トランプ政権の関税狂騒曲がいよいよ始まった。その第1ラウンドを見れば、大方の構図が見えてくる。

2月1日、トランプ大統領はカナダ、メキシコに対して25%の関税、中国に対して10%の追加関税を4日から課す大統領令に署名した。不法移民や合成麻薬フェンタニルの流入阻止が目的だ。ところが直後の3日、トランプ大統領は発動を30日間延期する大統領令を発出した。いずれもカナダ、メキシコ両首脳との電話会談で、対策を取っていると判断したからだとしている。そしてそれらが十分か見極める時間が必要だとしている。

ただし当初から発動を3月1日に延期する方針だったのが真相だ。関税の〝脅し〟が〝空脅し〟でないことを見せるためのプロセスだった。振り上げた拳を途中まで振り下ろす〝寸止め戦術〟か。これこそトランプ流交渉術だ。

この第1ラウンドをどう見るか。

関税バトルの初戦はMAGA派が押し切る

トランプ政権の関税政策を巡っては、考え方の違う2派間の綱引きが激しい。MAGA（米国第一）派と親ビジネス（小さな政府）派だ。政権発足当初はMAGA派が主導して過激な関税政策を打ち出すと予想された。

MAGA派は関税の目的を経済的なデカップリング（分断）としており、輸入と貿易赤字を削減するのが狙いだ。米国への製造業の国内回帰も進める。ミラー大統領次席補佐官、ナバロ大統領上級顧問の声が大きい。ナバロ氏は筋金入りの中国脅威論者で有名だが、同時に極論を唱える強硬な保護主義者であった。

第1期と同様、今回も鉄鋼・アルミへの25％の関税賦課を主導した。同盟国に関税を課すことも辞さない。今後、自動車・半導体・医薬品についても関税賦課を検討する。

親ビジネス派はベッセント財務長官やラトニック商務長官らウォール街出身のグループで、関税はあくまでディール（取引）を目的にしている。

MAGA派が主導して過激な関税政策を打ち出すのを、親ビジネス派が牽制《けんせい》している構図だ。1月20日の大統領令で4月1日まで調査し、大統領に勧告することになったのも、この綱引きの決着が未だついていないことをうかがわせる。

そしてトランプ大統領は「最後は自分が決める」として、その綱引きを楽しんでいる。

バトルの第1ラウンドはMAGA派が押し切ったように見えた。ぎりぎりまで関税発動に慎重な親ビジネス派と激しい綱引きが政権内で繰り広げられていたのだ。しかし最後にトランプ大統領は両派の折衷案のようだ。

また手法についても綱引きがある。

国際緊急経済権限法（ＩＥＥＰＡ）を活用して「国家経済緊急事態」を宣言し、議会を通さずに大統領令だけで打ち出せるという超法規的で異例の手法だ。要するに緊急事態を理由に大統領が「やりたい放題の手法」なのだ。これはＭＡＧＡ派が主張している強烈な手法だ。

さらに関税の標的は今後順次変わっていくことも厄介だ。ナバロ氏は今回も中国、メキシコ、カナダに続き、韓国、ＥＵや日本に対しても様々な根拠法を活用しての関税を検討している。ちなみに米国の貿易赤字は現在、ダントツの中国（26％）に次いで、ＥＵ（20％）、メキシコ（14％）、ベトナム（10％）、そして日本（７％）の順だ。これも関税の標的探しのうえで大事な要素になるようだ。

当初から掲げる全世界の「ほとんどの外国製品」を対象にした10～20％の関税を巡って

も政権内でバトルが繰り広げられている。これはMAGA派が主導しているものだ。これにも先で述べたIEEPAを活用する異例の手法が報じられている。

また、高関税を米国にかけている貿易相手国に同水準の関税を課す「相互関税」も導入されるという。この結果、全世界一律の関税がどうなるかは不明だ。

これに対して親ビジネス派のベッセント財務長官らは、全世界への一律関税導入に反対して段階的な関税の引き上げ案をリークするなど牽制球を投げている。ラトニック商務長官も必死にMAGA派への巻き返しを図っている。彼も全世界への一律関税とは距離を置き、「国ごとの関税引き上げが望ましい」と先日の議会公聴会でも発言している。

これらについても1月20日の大統領令で4月1日までに調査するよう求めた。両派の綱引きの決着は先に延ばされた格好だ。

政権内での激しいバトルはこうした状況が続くだろう。結果的に、関税政策は政権内の力学で決まり、全体の整合性などお構いなしだ。

日本もいずれ標的になる可能性が高いが、こうした力学を頭に置いておく必要がある。日本企業への影響も深刻だが、残念ながら実際どこまで発動に至るか見通しを立てられない状況はしばらく続く。

「産業の囲い込み」も狙っている

それでは中国に対する関税の狙いはどうだろうか。

中国は米国にとって最大の貿易赤字国で、それが中国の軍事的拡大、経済発展を支えているとするのが前出のナバロ大統領顧問の持論だ。そしてこの貿易赤字をほぼゼロにして貿易をバランスさせるために60%の高関税を課すとしている。国内に向けては、安価な中国製品の流入阻止をアピールして、生産と雇用の国内回帰を強調する。

トランプ大統領は就任前のインタビューで、こう語っている。

「関税には2つの側面がある。1つは米国に存在する企業を守ること、もう1つは何千もの企業の米国進出を促すことだ」
「米国内に工場を建設すれば、関税は一切かからない。企業を誘致する手段として課す」
「そうすることで何百万もの雇用と何十億ドルもの利益を取り戻すつもりだ」

ポイントは「産業の囲い込み」だ。関税をそのための手段にも使おうとしている。これは第2期トランプ政権の第1期との大きな違いだ。

同時に関税で相手国に「最大限のプレッシャー」をかけた上で、ディール（取引）をするという親ビジネス派の考えも捨てていない。第1期と同様に、不公正な貿易慣行があると見なした国の特定製品に制裁関税を戦略的に課すだろう。

こうした目的に応じて関税をかける手段も複数用意して、相手国に応じて使い分ける見込みだ。いずれにしても関税を取引で免除するなど、予測は不可能であり、シンクタンクなどが当初打ち出した関税による経済への影響を試算しても意味をなさない。

それではトランプ政権は関税という脅しを使って、相手国とどういう取引をするのか。

日本も例外ではない。

半導体も関税による〝取引〟か

20年代になって、米国では産業の「国内回帰」「囲い込み」という経済ナショナリズムが急激に高まった。中国に対抗するために大胆に政府が介入する産業政策に舵《かじ》を切ったのだ。かつて1980年代に日本の産業政策をたたき、産業政策自体を否定していた米国が、中国の脅威に直面したことで、大胆に産業政策を転換した。

バイデン政権でのEVやクリーンエネルギー関連を税額控除で支援するインフレ抑制法（IRA）、半導体産業を支援するCHIPS・科学法がそうだ。

しかしトランプ政権はバイデン政権の気候変動対策への批判からIRAによる支援策の縮小を打ち出している。少なくともEVへの支援策は見直す可能性が高い。

さらにCHIPS・科学法について、巨額の補助金で韓国のサムスン電子や台湾積体電路製造（TSMC）に対して、工場誘致をするのは「不利な取引」だと非難している。そして関税の方がよい解決策だとしている。トランプ政権では、この法律が見直され、海外の半導体チップにも関税を課す可能性も出てきたのだ。

トランプ氏は「台湾は半導体事業を米国から奪った」と主張し、台湾に対してさえ「安保より取引」を仕掛けてくる可能性がある。高関税や防衛負担に絡めた圧力手法によって「取引を有利にする」つもりだ。産業囲い込みの手法が「アメ」から「ムチ」へと変化することに韓国、台湾は戦々恐々としている。

日本も他人事ではない。日本が得意とする、半導体生産を支える材料や装置も米国への工場進出を求められる可能性もある。「米国第一での日米連携」が日本の〝持ち出し〟になる危険性さえある。米国による「囲い込み」によって、日本の強みである産業に空洞化を招かないよう注意すべきだ。

迂回輸出・メキシコも戦々恐々

戦々恐々としていたところ、既に〝脅し〟をかけられたのがメキシコとカナダだ。

まず不法移民と合成麻薬フェンタニルの流入阻止を理由にした関税の拳を振り上げたことは既に紹介した。

それに加えて、中国からメキシコ経由での米国への迂回輸出の問題も浮上している。中国がメキシコをEVの対米輸出の抜け穴にしようとしているとの懸念だ。


第1期トランプ政権は北米自由貿易協定（NAFTA）の再交渉を行った結果、現在の米国・メキシコ・カナダ協定（USMCA）に衣替えした。これは後でも取り上げよう。第2期トランプ政権では、さらにメキシコに何らかの譲歩を求めて再度、USMCAの修正に乗り出すと見られている。例えば、関税ゼロとなる条件である北米産の部品の調達比率（原産地規則）も引き上げるかもしれない。

日本企業にとっても他人事ではない。現在メキシコには日本の自動車関連企業が約330社進出しており、主に米国に輸出している（JETRO調べ）。これらは現在のUSMCAを前提にメキシコ投資をしており、今後日本企業も部品調達などサプライチェーンを見直すなど影響は避けられない。

Ⅱ　トランプ氏の〝オール・ワシントン〟への逆襲が始まった

第2期トランプ政権はどうなるのか、ここからは閣僚人事から読み解こう。

トランプvs「オール・ワシントン」の確執

前回のトランプ政権で国務長官を務めたマイク・ポンペオ氏と米国通商代表部（USTR）代表だったロバート・ライトハイザー氏はいずれも日本のメディアでは政権入りが有力視されていた。ところがふたを開けて見ると、入閣していない。なぜか。

一言で言えば、トランプ大統領は第1期ではこうした取り巻きに自由にさせてもらえなかったとの思いが強かったのだ。

実はトランプ大統領自身の「対中強硬」は表面的で、**「うわべだけの対中強硬」**とも評される。米国の利益、いや自分の利益（当時は2期目の選挙戦に有利）になるならば中国とも〝取引〟をしようとする。第1期トランプ政権での米中交渉を見れば、こうしたトランプ大統領の姿が浮かび上がる。
これに対して議会、政権幹部らは根強い対中警戒感からトランプ大統領による中国との〝取引〟を警戒し牽制していた。

トランプ政権は下から積み上げではないトップダウンだ。政権運営はいわば、町の不動産屋のような「個人商店」なのだ。トランプ大統領が店主で、使用人である閣僚を自分の好き嫌いでころころ入れ替えた。バイデン政権がチームで組織を運営する「集団経営」であるのとはまるで違う。

トランプ大統領の前では無力な政権幹部たちは、序章で見てきた米国議会や諜報機関などの「オール・ワシントン」と事実上、連携することによってトランプ大統領の暴走阻止に奔走したのだ。こうした両者の間の確執がトランプ大統領の前述の「自由にさせてもらえなかった」という思いにつながっているのだ。
そこで第2期は好きなようにやるために、自分に忠誠を誓う人物を配置している。そうした第1期トランプ政権の内情は今後を理解する上で重要だ。

さて、こうしたトランプvsオール・ワシントンはある時は共振し、ある時はぶつかり合った。その象徴的出来事がファーウェイとTikTokの問題だった。トランプ政権の本質が垣間見えて、今後を占う上で重要なので取り上げよう。TikTok問題はトランプ政権の再登場で再び脚光を浴びることになった。なおファーウェイ問題についてはコラムを参照してほしい。

トランプ流取引の標的になったTikTok

現在進行中のTikTok問題はまさにトランプ流取引を象徴する。今後のトランプ流取引を占う上で大いに参考になるので見てみよう。

新政権発足直前の1月19日、TikTokの米国事業を売却して親会社の中国・字節跳動（バイトダンス）から切り離さなければ、米国内でのサービス提供を禁じるという法律が施行された。TikTokが米国内でサービスが停止状態になったことを受け、トランプ米大統領は、TikTok復旧と75日間の法律の効力猶予のための大統領令を就任日当日の20日に出した。そして今後はTikTokの米国事業について米国企業が50％出資する合弁形態にするようTikTok側に求めた。そして「米国の承認なくしてTikTokなしだ」と発言している。

〝脅し〟を振りかざして〝取引〟に持ち込む。まさにトランプ氏好みの手法だ。第1期トランプ政権でも同じような光景を見ている。振り返ってみよう。

TikTok騒動第1幕

当時トランプ大統領は大統領選を間近に控え、選挙対策としての対中強硬姿勢が必要だった。20年、対米外国投資委員会（CFIUS）がTikTokの安全保障上の懸念を指摘したことを利用して、同年8月、自ら主導する形の大統領令を出したのがTikTok問題の発端だった。本来は中国への警戒感というオール・ワシントンが発した問題ではある。トランプ大統領は自分で差配できる大統領令という強引な荒業を繰り出して、この問題に飛びついた。トランプ大統領らしい、成果を誇示するための選挙対策だったのだ。そして自分好みの〝取引〟に持ち込んだ。

安全保障上の懸念があるとしてアプリの配信禁止という〝脅し〟を振りかざして、バイトダンスに米企業への事業売却を迫る。トランプ流の取引とは〝脅し〟を背景に交渉する取引だ。

交渉プレーヤーも急転直下、トランプ大統領を政治的、資金的に支援するオラクルになった。トランプ大統領は、露骨な利益誘導も意に介さない。

さらに、新会社はテキサス州に本社を置いて、少なくとも2万5000人を雇用するとも語った。テキサス州は大統領選挙戦で接戦になること必至の大票田の重要州だ。トランプ氏は早速、選挙集会でＴｉｋＴｏｋの提携案が雇用創出につながると支持者らに誇示して、大統領選のアピール材料にしていた。

ところがこのトランプ流取引のシナリオを狂わす波乱要因が起こった。司法判断だ。同年9月、連邦地裁はアプリの配信禁止を一時的に差し止めることを認めた。これで〝脅し〟がなくなって、トランプ政権は交渉への圧力をかけられなくなったのだ。トランプ流の強引な手法への健全なチェック機能が働いたものといえる。

いずれにしてもトランプ大統領の予定が狂った。米オラクルなどが出資する新会社が事業を引き継ぐ交渉は意見の隔たりが表面化して、最終合意に至らなかった。そしてこのまま大統領選までズルズル行って時間切れになった。21年6月、バイデン政権下でこの大統領令は取り消されて第1幕は終了した。

TikTok騒動は第2幕へ

そして第2幕の幕が開いた。今回は、オール・ワシントンの対中警戒への高まりから議会超党派によって同アプリの使用禁止の法案が成立した。新法はＴｉｋＴｏｋの米事業を売却して中国資本から切り離すか、米国内のサービスを停止するかの二者択一を迫るものだ。これに対してＴｉｋＴｏｋ側は表現の自由の侵害だとして米政府を提訴したが、最高裁での合憲判決で、この法律は施行されることとなった。

ところがこの第2幕ではトランプ大統領は大統領選の最中から一転、１８０度態度を豹変させて、今度はＴｉｋＴｏｋの擁護に転じている。ＴｉｋＴｏｋを通じて若者の支持者を獲得してきたとして「ＴｉｋＴｏｋには少し好感を持っている」とも発言していた。そしてこの法律の執行を一時猶予するとして、米国企業との合弁案での事業の継続に持ち込んだのが、今日の状況だ。この間に中国との取引をしようとしており、習近平主席との電話会談でも取り上げられたようだ。中国政府とのつながりの深いイーロン・マスク氏への事業売却も一時取り沙汰された。これからまた米オラクルのほか、米IT大手のGAFAM（グーグル、アマゾン、メタ＝旧フェイスブック、アップル、マイクロソフト）を巻き込んだ合弁交渉が始まるようだ。

こうしたトランプ大統領の豹変ぶりも、やはりTikTokとの〝裏取引〟が背景だと言われている。TikTokは問題になって以降、批判をかわすために米国ユーザーの個人データを中国政府から保護するためオラクルと10億ドルの契約を結んでいる。トランプ氏を支援するオラクルとの特別の関係が背景にあることはワシントンの衆目の一致するところだ。

こういう取引さえ成立すれば、トランプ氏は豹変することを示す例だ。TikTok騒動を通してオール・ワシントンと相容れない、〝取引〟志向のトランプ大統領が見て取れる。

第1幕ではトランプ大統領の**「うわべだけの対中強硬」**が露呈して、オール・ワシントンと激しくぶつかった。場当たり的なトランプ政権の〝取引〟志向に強い反発が起こり、こうした取引では本質的な問題の解決には結びつかないとした。だが、個人情報の中国共産党への情報流出という安全保障上の懸念が、いつの間にかＴｉｋＴｏｋの米国事業の売却交渉にすり替わってしまったという事実は残った。

当時、批判の急先鋒だったのが、共和党のルビオ上院議員だった。そのルビオ氏は第2期トランプ政権では国務長官としてトランプ大統領に仕える。果たしてどういう関係になるのか、2人の間に衝突は生じないのか、注目だ。

「いわくつきの人物」指名で〝逆襲人事〟

第2期は自ら好き放題できるよう気心の知れた忠臣を登用したトランプ大統領。これは、オール・ワシントンへの逆襲を狙った人事だ。いずれも所管する機関を敵視する人物を送り込んでいる。

筆頭は情報機関を統括する国家情報長官のトゥルシー・ギャバード氏だ。シリアのアサド前大統領が化学兵器を使ったとする米情報機関の判断に疑問を呈すなど、情報機関を敵視している人物だ。

ＦＢＩ長官のカシュ・パテル氏はトランプ氏への捜査を巡る陰謀論を主張して、ＦＢＩ解体論を訴えている人物だ。

司法長官のパム・ボンディ氏はトランプ氏が訴追された刑事事件で弁護団の中枢だった人物だ。トランプ訴追については「民主党陣営が法執行機関を武器として使って政敵を迫害している」と非難してきた。

エネルギー長官は石油・ガス開発企業代表のクリス・ライト氏で、石油やガス採掘も180度方針転換して積極的に推進する。教育長官のリンダ・マクマホン氏も強烈な反リベラル派で、教育省自体の廃止を唱えてきた人物だ。

国防長官のピート・ヘグセス氏や厚生長官のロバート・ケネディ・ジュニア氏についてはいわくつきの人物であることが多く取り上げられているので省略しよう。

これらの中で注目すべきは情報機関とＦＢＩ長官だ。いずれもかつて第1期トランプ政権で確執のあった議会を中心としたオール・ワシントンを支える代表格だった。トランプ氏はこうした機関のせいで自由に政策をできなかったとの恨みを持っている。そしてそうした機関の解体も辞さない〝逆襲人事〟と見られている。

マスク氏が政権波乱の時限爆弾か

波乱要因が、実業家で破格の大富豪であるイーロン・マスク氏だ。トランプ大統領とは「兄弟のような相棒」として存在感を誇示している。

ＩＴハイテク業界を代表する「テック派」として、新設の政府効率化省（ＤＯＧＥ）を率いて大胆な規制緩和を推進する。

なぜトランプ大統領に重宝にされているのか。

もちろん巨額の資金力だ。とりわけトランプ大統領にとって26年の中間選挙に勝つことが、自身がその後、レームダック化しないためにも不可欠なのだ。議会の共和党議員が自分に造反しないよう、この資金力を使って中間選挙で対抗馬を立てるとの〝脅し〟も有効のようだ。

ただし過大評価は禁物だ。物議を醸す発言が多く、不安視されている。例えば、自身が南アフリカ出身で、強烈な外国人専門職向け就労ビザ（H－1B）の信奉者であることから、強硬な不法移民対策を掲げるMAGA派との激しい対立が伝えられている。

しかし声は大きいが、今のところMAGA派に対抗できるだけの力はない。すでにメディアなどで注目を浴び過ぎており、「目立つのは自分だけだ」とするトランプ大統領と微妙な関係になるのを首席補佐官のスーザン・ワイルズ氏などは心配している。

またロケット打ち上げなど宇宙ビジネスでライバル関係にある米アマゾンの共同創設者であり会長のジェフ・ベゾス氏も政権に近づいており、激しい対抗心を燃やしているという。

とりわけ今後、マスク氏は対中政策で「対中強硬派」と衝突して波乱要因になると見られている。

世界最大の電気自動車（EV）専業メーカーである米テスラと中国政府との〝蜜月関係〟をうかがわせる動きは多々ある。テスラにとって中国は米国を抜いて最大の市場になっており、中国依存を深めている。中国政府との関係を強化して、外資による単独出資の自動車工場を上海に立地することを認めさせてきた。

バッテリー用のリチウムや駆動用モーターに使う高性能磁石も中国企業からの調達に依存している。新疆ウィグル自治区にショールームを置くとの発表をしたのも、新疆ウィグル自治区からの輸入を原則禁止する法律が米国議会の超党派で成立した直後だった。もちろん人権団体などから中国政府を支援する行為だと批判を受けた。当時、ルビオ上院議員は「中国共産党による同地域での大量虐殺や奴隷労働の隠蔽を手助けしている」とツイッター（現X）で痛烈な批判の投稿をした。

こうしたテスラの「どっぷり中国戦略」はEV専業メーカーとしては有効な戦略だが、今後のトランプ政権での対中政策にどうマスク氏が介入してくるか。これが大きな波乱要因になりかねない。対中強硬派のルビオ国務長官との政権内での確執が予想され、まさに時限爆弾を抱えているといえる。

Ⅲ　米中関係はどうなるのか

最大の関心事であるトランプ2・0で米中関係がどうなるのかを見てみよう。

対中は「デカップリング（分断）」の荒っぽさ

まずトランプ政権は、中国を最大の地政学的脅威として、中国との「戦略的デカップリング（分断）」を掲げる。特にハイテク分野について、米中間のサプライチェーン（供給網）のデカップリングを目指すべきだとする。

バイデン政権は中国との対話路線も維持するために、中国に対しては「デカップリング」ではなく「デリスキング」だとしてきた。これに対してトランプ政権は国内向けに対中強硬姿勢をアピールしている。**「理屈っぽいバイデン外交」**と**「荒っぽいトランプ外交」**の違いだ。ただしこれは単なるレトリックの違いで、具体的行動にどれほどの差があるかは疑問だ。

第1期トランプ政権における中国との外交駆け引きでは、時にはケンカ腰の荒々しさがあった。これに対して、バイデン政権では「競争／対立」する分野と気候変動問題のように「協調」する分野を使い分けるアプローチを取ろうとした。中国が意図的に「米国はデカップリングしようとしている」と対外的プロパガンダを展開しているので、明確に打ち消す意味があった。

これに対して第2期トランプ政権では「デカップリング」と言うのに躊躇がない。ただし第1期トランプ政権でも「**部分的な分離**（Partial Disengagement）」と言われていた。決して全面的な米中デカップリングではない。経済全般の「分断」はもはや不可能で非現実的だ。安全保障上の対中懸念の現実を考えれば、むしろ通信、半導体など安全保障の視点で機微な分野を特定して、部分的に中国を分離していく。第1期トランプ政権が志向した「部分的な分離」戦略だ。第2期においても実態的には、この基本的方向は変わらないだろう。

中国の巧みな交渉術

トランプ大統領は自分を「タリフ・マン（関税男）」と呼んで、関税で脅して譲歩させ取引する自らの手法に自己陶酔していた。中国から大豆の輸入拡大や形だけの知財の強化を〝成果〟として獲得して、支持層に誇示したいだけだった。「交渉はとてつもない進展」としきりにツイートしていた。

こうしたトランプ大統領に対して、中国の巧妙な交渉術も注目すべきだ。中国は十分研究して、第2期トランプ政権との交渉でもこうした交渉術を駆使するだろう。日本にとっても大いに参考になる。

中国の「じらし戦術」vsトランプ氏の焦り

第1期トランプ政権下の19年12月、米中の貿易交渉はようやく「合意」にこぎ着けた。そこには焦るトランプ大統領の足元を見透かす中国と、それを取り繕って成果を誇示しようとするトランプ大統領の姿があった。

トランプ大統領は翌年の大統領選に向けて、とりわけ激戦区の中西部の農業票へのアピールのために、農産物の大量購入を中国に受け入れさせるという成果を上げたいと焦っていた。トランプ大統領の焦りは、彼のツイッター（現X）を読めば手に取るように分かった。「中国は合意したがっている」とツイートしたのは、逆に自分が合意したいからだった。

中国はそうしたトランプ大統領の足元を見透かして「じらし戦術」に出た。中国は「農産物の大量購入」のカードをできるだけ高く売ろうとした。中国にとって米国からの農産物購入は自国の消費にとって、いずれにせよ必要だった。しばらくすると、米国の競合相手のブラジル産の大豆も出荷が始まり、ますます中国は交渉ポジションが強くなる。農産物を巡る交渉は、明らかに中国ペースで交渉が進んだ。

なかなか思惑通りにカードを切ってこない中国に対して、トランプ大統領は焦った。20年の大統領選挙が近づき、トランプ大統領としては早く〝果実〟が欲しい。結果は中国側の「引き延ばし戦術」が功を奏した。

トランプ大統領は戦利品をツイッターで誇らしげに語れればよかった。

例えば、中国の自動車関税の引き下げを勝ち取ったと胸を張ったが、米国から中国への自動車輸出はたかだか28万台に過ぎず、今やほとんどは中国で現地生産されている。実態的にはこの関税引き下げはほとんど意味がない。

「小出し」、「本質はずし」の対応でしのぐ。それが中国の対トランプ戦術の基本だった。

中国にとってこうしたトランプ大統領はくみしやすい相手だったのだ。

関税引き上げの「空脅し」を見透かした中国

米国による対中関税引き上げは第1弾から第4弾まで段階的に繰り出された。「中国への打撃が大きく、米国への影響が小さい」という順番で米国政府が内々に整理した。従って、最後の第4弾に米国が本音では見送りたいものばかり残ってしまった。

当初は中国からのスマートフォンやノートパソコン、ゲーム機などの輸入品1600億ドル分に対する制裁関税を実施する予定だった。しかし実際は「合意」を理由にして実施は見送られた。これが実施されていたら、米国の国内消費に冷水を浴びせ、米国の株価にもマイナスの影響が出て、自分の首を絞めることになっていたからだ。これらは消費財であるだけでなく、対中依存度が約9割と高く、代替可能性があまりない。

そのことは中国も当然織り込み済みで、第4弾は「空脅し」だと読んでいた。結果はその通りだった。

トランプ政権は今後、中国に対して60%の関税をかけるとしている。これが言い値通りに引き上げるのか、「空脅し」なのか、その見極めがカギとなる。

今後の米中交渉を見る上で重要なポイントは、双方の国内の政治力学と経済状況だ。第1期トランプ政権での米中交渉からそれが読み取れる。まず前者の「国内の政治力学」を見てみよう。

米中双方は「合意はしたいが、妥協はできず」

「トランプ大統領も中国の習近平主席も『合意はしたいが、妥協はできない』。その背景は、米中双方における国内の『政治力学』だ」

米中の貿易交渉について私は当時こう指摘した。これは今後の米中交渉にも通じる重要なポイントだ。

そもそも米中間の合意を「第1段階」と呼んだのはわけがある。巨大な産業補助金や国有企業の優遇問題など中国の構造問題は先送りされて手付かずだった。今後これらを扱う「第2段階」の交渉が行われるかのように見せる〝見せかけ〟だった。見せかける相手は対中強硬派の議会だ。成果に見通しがなくても国内向けにはファイティング・ポーズを示さざるを得ない。

一方、中国は20年4月末、習近平主席の決断で、劉鶴（リュウ・ハァ）副首相が一旦合意した米中合意を拒否する「ちゃぶ台返し」を行った。それは米国が重視している、国有企業への巨額補助金や知的財産権問題という中国の構造問題だった。国内で共産党保守派の長老たちなどから、国内の構造問題に米国が一方的に手を突っ込んでくるのは内政干渉と受け止めて、厳しい批判にさらされたからだ。しかも国有企業による補助金は根深い利権、既得権を揺さぶりかねない。

弱腰外交の批判が共産党内だけでなく、世論にまで及び、ナショナリズムがコントロール困難になる。こうした政治状況では習主席も構造問題で譲歩する余地はなかった。

当時と比べて、習主席の国内政権基盤は圧倒的に強化されている。習主席の自由度も高くなっているだろう。しかし中国にとってこの構造問題に手を付けるのは〝鬼門〟になっている。

こうした米中双方が国内向けに妥協できない中国の構造問題と違って、「農産物の輸入拡大」は今回もトランプ氏とのディール（取引）の有効なカードになりそうだ。

第1期トランプ政権での経験を踏まえて、中国は大豆や小麦の米国からの輸入依存度を減らして調達先を分散してきた。米中貿易戦争以前の17年には大豆で3割超、小麦で4割弱であったのが、直近ではそれぞれ2割前後にまで低下している。代わって大豆はブラジルから、小麦はオーストラリアやカナダからの輸入が増えている。その分、かつてよりも米国からの輸入を増やす余力は十分あると見てよい。これは対米交渉への備えをしてきているということだ。

経済状況に左右される米中交渉

次に米中双方の経済状況によっても交渉が大きく左右される。好調な経済は貿易戦争で強気にさせ、経済不況は弱気にさせる。今は世界の中で米国経済だけが強く、「一強」といわれるほどだ。交渉の地合いは明らかに米国が有利だ。

それに対して中国は不動産不況をはじめデフレ経済にもがき苦しんでいる。関税合戦による経済的ダメージは中国側がより深刻になることが予想される。まさに〝泣きっ面に蜂〟だ。中国の経済成長率も24年見通しの4・7%から25年は3・4%に急減速するとの試算もある（日本経済研究センター）。中国の交渉ポジションは明らかに不利だ。

第1期トランプ政権でも米国の好調な経済はトランプ大統領を強気にさせた。米国経済は低失業率で、インフレ率も低かった。多少、関税引き上げで物価が上がっても許容範囲だった。

ただしトランプ大統領の関心事は選挙戦に大きく影響する株価の動向だった。選挙が近付けば、株価に神経質になって悪影響を気にし出した。今回も2年後の中間選挙に向けて、似たようなプロセスをたどる可能性もある。

中国の対米交渉への姿勢も経済状況次第で強弱が決まった。中国は景気対策を講じて、景気減速をしのぐため制裁関税の撤廃も求めようとした。景気の減速が深刻な時期には習主席は対米交渉を早期にまとめるよう指示をし、妥協カードを繰り出した。ところが景気が底を打つとの見方も広がり余裕ができると、対米交渉も強気に転じた。

今後の米中双方の経済状況は交渉を占ううえで注目点だ。

各国が学習した「トランプ政権」との付き合い方

第1期トランプ政権での苦い経験を振り返って、そこから各国が学んだことは何か。まずはトランプ政権との付き合い方だろう。

とりわけ当時の安倍政権の付き合いから多くを学んだ。

例えば、「トランプ対策」という意味では、会談直前での日米首脳2人きりの夕食会が大きな意味を持った。日米首脳会談の前に、茂木敏充経済財政・再生大臣－ライトハイザー通商代表による当時の閣僚レベルの交渉があったが、それに先立って、まず安倍総理とトランプ大統領との間で2人だけの夕食会がトランプ大統領の発案で開かれた。そこで安倍総理はトランプ大統領との直接の会話で、繰り返し刷り込んでいくことが可能になった。

トランプ政権ではトランプ大統領だけがポイントだった。それで失敗したのが中国で、閣僚レベルで折角合意できても、トランプ大統領に「ちゃぶ台返し」に遭ってしまった。逆に欧州連合（ＥＵ）は直前の閣僚折衝では物別れに終わっても、翌日の首脳会談でトランプ大統領のお気に召せば、丸く収まった。それぞれ付き合い方の学習材料だ。

「弱い日欧」で歯止め役不在

ただその欧州も失敗をしている。欧州の第1期トランプ政権の時の向き合い方は「戦略的忍耐」と言われていた。欧州はトランプ氏の言動を聞き流そうとした。もちろんその結果、米欧は「犬猿の仲」となった。そして米欧の間を取り持つ日本という構図だった。

特にドイツのアンゲラ・メルケル首相（当時）とトランプ大統領がそりが合わなかったのは有名だ。G7首脳会議でトランプ氏に詰め寄るメルケル氏に対して、ブスっと腕組みするトランプ氏。その間を取り持つ安倍総理（当時）の写真も象徴的だった。24年に出版された回顧録でもメルケル氏は「トランプ氏は独裁的な政治家に魅了されている。全てを不動産業者の視点で判断する人物だ」と切って捨てている。

こうした欧州のトランプ大統領に対する姿勢は、当時欧州の多くの国が安定政権であったことが背景にある。ところが今はその真逆だ。いずれも強力なリーダーは不在で国内の政権基盤は不安定だ。

ドイツはショルツ連立政権が景気不安を引き金に崩壊して、25年は議会選挙を迎える。フランスも内政の混乱は続いてエマニュエル・マクロン大統領は指導力を発揮できていない。27年の大統領選も波乱が予想される。英国のスターマー政権は支持率も低迷している。

「北大西洋条約機構（NATO）加盟国が国防支出を怠れば見放す」

トランプ大統領はこう公言して早速、欧州各国を震え上がらせた。

24年11月、NATOのマルク・ルッテ事務総長は大統領選での勝利直後のトランプ氏を早速訪問した。ルッテ氏はトランプ氏と馬が合う一人だ。トランプ氏は早速「国防費を国内総生産（GDP）の5％に引き上げるべきだ」と、〝高めのボール〟を投げている。

現在NATOの国防費の目標はGDP比2％で、この目標をクリアしているのは31カ国のNATO加盟国のうち23カ国だ。NATOも即座に「加盟国がGDP比3％目標について協議」と反応している。

お得意の「脅し」「駆け引き」がすでに始まっているのだ。狙いは国防費の増額だけではない。同時に米国にとって有利な貿易での〝成果〟も引き出すつもりだと見られている。

日本の石破政権が少数与党で脆弱な政権基盤であることは言うまでもない。日本の向き合い方については第5章で見ていきたい。

日欧に強力なリーダーがいない中で、「暴走トランプ」が腕を振り回しながら再登場してきたのだ。

Column

ファーウェイを巡るワシントンの暗闘

遡ること6年弱。2019年5月15日、米国による中国の通信機器大手・華為技術（ファーウェイ）に対する事実上の輸出禁止の制裁が発動された。詳細は第4章で説明しているので参照してほしい。

トランプ大統領には18年、中国通信大手の中興通訊（ZTE）への制裁を習近平主席との取引に利用して成果を上げた成功体験があった。トランプ大統領は自らの選挙戦にしか関心がなく、取引による短期の成果を求めていた。彼にとってファーウェイ問題も取引材料の1つにすぎなかった。19年、トランプ米大統領の記者会見での発言に激震が走った。

「ファーウェイへの制裁も中国との取引の対象になり得る」

こうしたトランプ氏の発言に対して早速、米議会超党派が厳しく批判した。「ファーウェイの問題は安全保障の問題で、貿易交渉で交渉材料にすべきではない」

「オール・ワシントン」にとっては18年、トランプ大統領がZTEを取引の材料にしたことは、「悔しい汚点」だった。本丸の標的であるファーウェイまでトランプ大統領が取引材料にすることを警戒していたのだ。

ルビオ上院議員（当時）にいたっては、大統領が議会の承諾がないまま、勝手に貿易交渉で安全保障の観点での制裁を解除できないようにする法案まで提出していた。そのルビオ氏は第2期トランプ政権では国務長官としてトランプ大統領に仕える。果たして緊張関係になるのかどうか注目点だ。

こうしたファーウェイ問題以外でもトランプvs「オール・ワシントン」の確執は枚挙にいとまがないが、ここでは省略する。

トランプ大統領は中国と取引がしたかった。そんな大統領の危うさを当時の「オール・ワシントン」は深刻に警戒していたのだ。

第2章

中国が振りかざす「経済の武器化」

序章で見た第1期トランプ政権時での米中対立の経験から、中国は対米戦略を早急に強化する必要を痛感した。1つは〝新たな武器〟を備えること、そしてもう1つは対中依存を高めさせる戦略だ。

Ⅰ 常態化する「経済の武器化」

2020年、習近平政権は「双循環」戦略を掲げた。戦略産業を海外に依存せず、自国で完結するサプライチェーンを作る「国内循環」と国際的なサプライチェーンを中国に依存させる「国際循環」という2つの循環を目指すものだ。本章で取り上げるのは後者の「国際循環」戦略だ。

各国の対中依存を高めさせる戦略

20年4月、習近平主席は共産党の会議での講話で、世界に対中依存を高めさせて外国に対する反撃力、打撃力を持つよう指示した。そこから2つの深刻な問題が生じている。

第1に、中国による「経済的威圧」「経済の武器化」が激化したこと
第2に、中国の過剰生産による世界市場席捲への深刻な問題だ。

こうした問題は政府だけの問題ではない。企業は中国依存によるリスクに直面している。このリスクに対処することが重要な経営課題なのだ。すなわち供給途絶によるサプライチェーンの脆弱性リスクを把握し、それに対する対処が必要になっている。上で挙げた2つの問題点は、企業のこうしたリスクのマネジメントの上で理解しておくことが不可欠な動きなのだ。

中国の巨大市場が武器に

近年、中国は巨大市場や供給力を武器に相手国を威嚇して政策変更を迫る「経済の武器化」を常態化させている。20年、オーストラリアが新型コロナウイルスの原因究明のための独立調査を求めたことに対して、中国はオーストラリア産の大麦、ワインの輸入に追加関税を課した。その他にも台湾に対してパイナップルの輸入停止、リトアニアに対する通

関拒否など「経済の武器化」は枚挙にいとまがない。

23年8月、中国は東京電力福島第一原子力発電所の処理水の海洋放出に対して、日本からの水産物の禁輸を発表した。これも日本に対する「経済の武器化」と見るべきだ。中国が外交カードとして使う思惑が見て取れる。習近平政権の外交方針からこうした威圧は今後も続くと見るべきだ。

「輸出規制」という武器を持った中国

「経済の武器化」はこうした「巨大な中国市場」に相手国を依存させて、それを武器にする輸入制限だけではない。中国からの供給に依存している重要物資の輸出規制もそうだ。中国は米中対立に備えて「新たな武器」を持った。

20年12月1日、中国は輸出管理法を施行した。先に紹介した講話で、習主席はこう語っている。

『高速鉄道、電力設備、新エネルギー、通信設備などの分野で産業チェーンの優位性を強化し、国際的な産業チェーンで中国との依存関係を強めさせ、外部からの（人為的な）産業チェーンの断絶に対して、強力な反撃力と抑止力（威嚇力）を構築する』

まさに米中対立を念頭に置いた、そのための手段が輸出管理法だ。要するに中国に対して輸出規制の武器を振りかざす米国への対抗措置だと明確にしている。米国によるファーウェイなどへの制裁で輸出規制の威力を経験し、対抗するためには同等の武器を持つ必要を痛感したのだ。その結果、米国の制度を真似《まね》る**「コピー戦術」**をとった。中国の安全・利益を阻害した国に対して同等の措置を講じるという「報復条項」まである。

日本企業にとっても対中ビジネスのリスクが高まっている。これまで中国の生産拠点から自由に輸出できたものが、ある日突然規制される。ビジネスの予見可能性がなくなるのだ。中国とのビジネスにおいてそうしたリスクも念頭に置かなければいけない。

レアアースも報復カードに

規制の対象品目はどういうものか。「重要戦略希少物資の保護」の文言も挿入されているが、これは明らかにレアアースのことだ。中国共産党の機関紙・人民日報系の環球時報も「レアアースを報復カードにできる」と伝えている。

さらに中国メディアでは、レアアースは最新の軍事兵器を製造する上で必要不可欠な材料だとして、最新鋭のステルス戦闘機1機を製造するのに400kg以上のレアアースが、パトリオットミサイルには4kgのネオジム磁石が必要と具体的に挙げている。

そして中国が米国に対してレアアースのカードを切るかどうかは、「この先数年にかかっている」とコメントしている。米国への脅しをあらわにしているのだ。

中国のレアアースという切り札を実際に出すかどうかは分からないが、「出すぞ、出すぞ」と脅すことに意味がある。レアアースについては後に詳しく触れよう。

中国の「情報戦」には要注意

運用に透明性がなく、恣意的に行われるのは中国では日常茶飯事だ。また「国家安全保障を理由に中国を規制した国に対する対抗措置で、『目には目を』という趣旨だ」との説明も見られる。そして「日本が中国をそのように刺激しなければ、今までと何も変わらず無関係だ」との解説も中国メディアに流された。

こうした見方には要注意だ。

中国が最も避けたいのは、日本が米国に同調して中国に対抗する事態だ。米国は対中政策で同盟国に協力を求めようとしている。輸出管理での連携もそうだ。中国はそうした事態を避けるために、「中国を刺激して怒らせると中国の輸出管理法の餌食になる」と日本の産業界に思わせたいのだ。

日本の産業界はこうした〝揺さぶり〟にことのほか、弱い。日本政府に対して「中国を刺激しないように」と働きかけるだろう、と中国は読んでいる。

これこそ、中国が得意とする「情報戦」だ。日本政府も産業界も中国に〝揺さぶられない〟よう、腰を据えた対中政策が必要になっている。まず要注意なのが、法律の目的が「国家の安全と利益」となっていることだ。

この輸出管理法には日本企業にも深刻な問題を投げかける点がいくつかある。企業経営にとって押さえておくべきなので触れておこう。

米中の「再輸出規制」で日本企業は〝股裂き〟

まず、中国製の部材を日本に輸入して、組み込んで再輸出している日本企業も多い。規制品目によってはこうしたビジネスも中国政府の許可が必要になって、ビジネスについての予見可能性がなくなる恐れもあるのだ。

これは中国が「域外適用」を打ち出したことによるものだ。多少専門的になるが、お許しいただきたい。

国内法を海外にまで適用する域外適用は国際法違反である。しかし米国は長年、域外適用を武器に他国を従わせてきた。ルール違反でも市場、通貨、軍事力を背景に実行する能力のある超大国による「力の論理」がまかり通っていた。米国製の部材を組み込んだ製品を日本から輸出する際も米国政府の許可が必要になるという「再輸出規制」がそれだ。

このように米国の専売特許であった「域外適用」を、米国に対峙する自信をつけた中国が真似て、コピーした制度を打ち出したのだ。

こうして米中二大国が力を背景に、容赦なく他国を自国の判断に従わせようとする。米中以外の第三国は、相反する二大国の域外適用で〝股裂き状態〟になる恐れがある。

中国版禁輸リストの脅し

もう1つ注目されるのが、中国版の禁輸リストの策定だ。

米国の輸出管理法には原則禁輸措置にする者のブラックリストである「エンティティ・リスト」があることは有名だ。多くの懸念ある中国企業がこのリストに掲載されてきている。20年9月、中国はこれも真似て、中国版を作ったのだ。「中国の国家主権、安全、利益の発展に危害を及ぼす外国企業」も対象にしている。要するに中国政府が気に入らなければ、何でも載せられる。中国の政治的な主張に同調することを要求して、それに応じなければリストに載せるといった脅しにも使われかねない。

しかも、輸出だけでなく、投資、入国、ビザなど広範な制裁ができる。場合によっては刑事罰まであるので、はるかに威嚇効果が大きい。

大きく揺らぐ日本企業の中国ビジネスの前提

多くの日本企業は中国に投資し、中国から輸出するビジネスを展開している。これまでは自由に中国から輸出できていた多数の品目が、ある日を境に中国政府の許可が必要になる。しかもその規制品目は国際的に合意されたものだけではなく、中国独自に定めるものもある。これだけでもビジネスの前提が大きく変わり、ビジネスは不安定になる。

また中国で単独または共同で研究開発拠点を設けている日本企業も多い。その成果を日本の本社に持ち帰ろうとしても、技術の輸出に関して中国政府の許可が必要となることもある。そうなると日常的な企業の活動まで支障が出てくる。

いずれにしても日本企業の中国ビジネスが中国政府によって揺さぶられるネタは尽きない。予見可能性こそビジネスの命だが、そこが大きく揺さぶられている。

中国、相次ぐ重要鉱物の輸出規制で揺さぶる

最近、中国は重要鉱物でこうした輸出規制を繰り出している。23年8月には半導体の材料などに使うガリウムとゲルマニウム、12月には電気自動車（EV）の電池の材料となる天然黒鉛を輸出規制の対象とした。そして24年9月には希少金属アンチモンを対象に加えた。序章で紹介したように、25年2月には対抗措置としてタングステンなどを輸出規制の対象とした。

中国の思惑はどこにあるのか。そして日本はこれらの輸出規制によってどのような影響を受けるのか。

中国のガリウム、ゲルマニウムの輸出規制は、米国が主導する中国に対する先端半導体関連の輸出規制への対抗措置だという見方も報じられている。

特に重要なのはガリウムだ。日本にとっても影響は大きい。

ガリウムは中国が生産量の98％を占めている。重要なのは、ガリウムの上流からそれを

使う最終製品の下流に至るサプライチェーン（供給網）に注目することだ。

日本は中国からガリウムを輸入して、半導体材料として窒化ガリウム（ＧａＮ）では世界の生産シェアの96％、ヒ化ガリウム（ＧａＡｓ）では同40％を生産している。

例えば、パワー半導体は半導体の1つのカテゴリーで、省エネの電力制御に使うものだが、例えば、これまでの材料であるシリコンに比べて電力損失を大幅に削減できる材料として炭化ケイ素（シリコンカーバイド、ＳｉＣ）と共に窒化ガリウムが期待されている。車載用として これから市場の成長が期待されているものだ。またガリウムとヒ素を組み合わせたヒ化ガリウムは高周波に適する特性で、通信分野で利用される。

これらは最終的には発光ダイオード（ＬＥＤ）やスマートフォン、軍事用のレーダーなどに使われるので、最終ユーザーには米国のアップルやレイセオンなどの軍需産業や通信会社、自動車メーカーなどそうそうたる企業が並ぶ。

中国⇒日本⇒アメリカと上流から下流へと流れていくため、中国が蛇口を閉めれば、最終的には米国にも影響するのだ。そこで日本も最終ユーザーの米国とも協力して代替供給源の確保を急いでいるが、コストの問題を克服するのが課題だ。

■重要鉱物のサプライチェーン

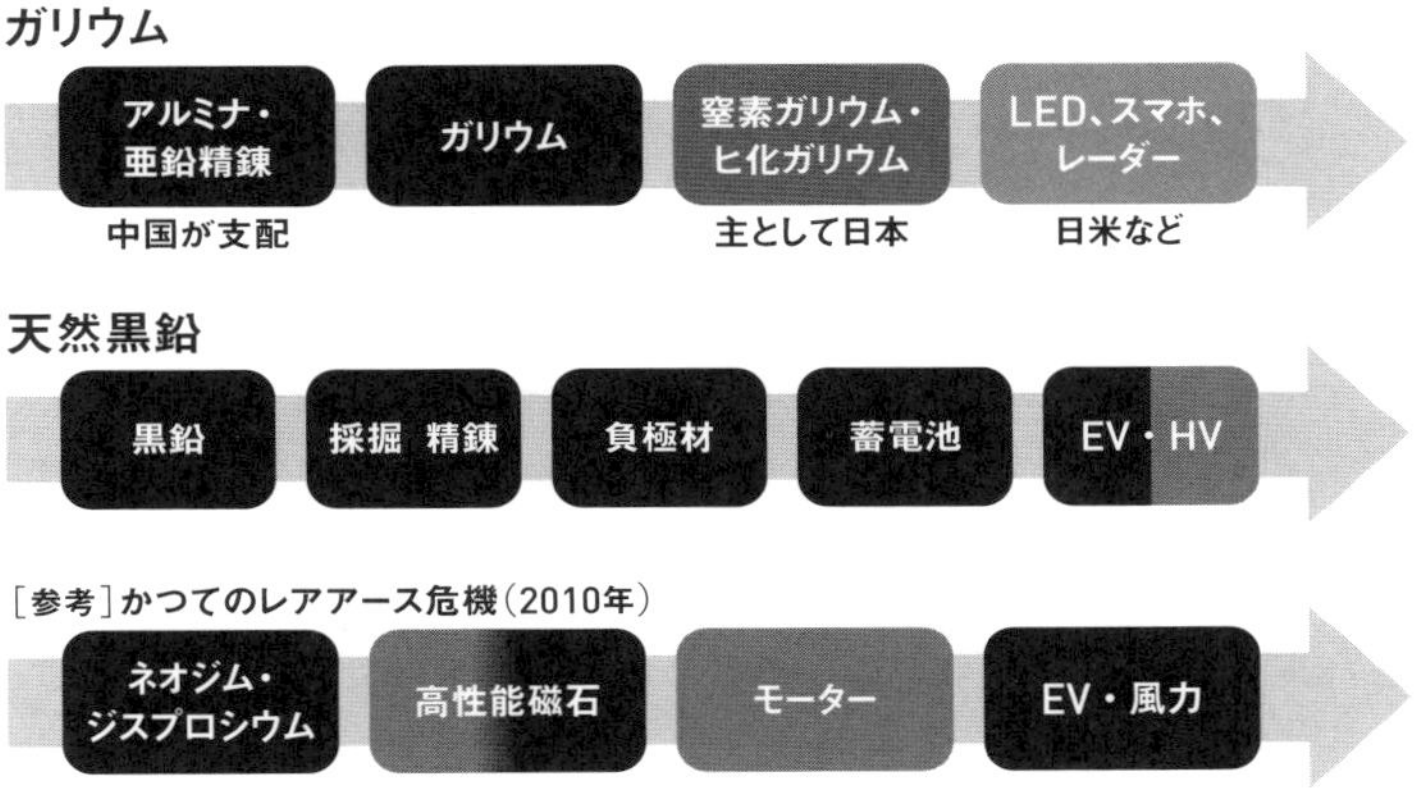

出所：著者作成
注：黒は中国が支配、薄色は日本のシェア高

　では中国がガリウムを規制した狙いは何か。

　もちろん米国や日本、オランダによる先端半導体の輸出管理強化への対抗措置としてのメッセージもある。しかしそれだけではない。中国はガリウムのサプライチェーンにおいて、上流支配から次第に下流へと国産化・自前化することを狙っている。まさに日本企業が技術優位にあるＧａＮなど半導体材料が狙いだ。

　ＧａＮパワー半導体は車載用などで次世代の半導体として将来市場の成長が見込まれる。そこで日米欧の企業の機先を制して、主導権を確保して市場を先取りしようとの「したたかな戦略」もあるだろう。

原料で揺さぶりをかけて下流の技術を入手する動きにおいては過去にも日本企業は標的になっている。

2010年、日本ではレアアースショックが起きた。尖閣諸島沖での中国船の船長の逮捕に対して、中国は日本向けのレアアース輸出を停止した。

その際の焦点は、レアアースを原材料にしてEVや風力発電機のモーターなどに使う基幹部品「高性能磁石」だ。それまで圧倒的な競争力を有していた日本企業の技術を入手するために、レアアースの脅しが効いたのか、日本の高性能磁石のメーカーを中国に誘致し、合弁企業での生産を始めた。

結果的に日本企業の技術は中国企業に渡り、産業地図は大きく塗り替わった。今や中国企業が席巻する。こうした苦い経験を忘れてはならない。

天然黒鉛でトヨタに揺さぶり？

もう1つ重要なのが天然黒鉛だ。黒鉛（グラファイト）には天然黒鉛と人造黒鉛がある。中国は23年12月、天然黒鉛を輸出管理の対象に追加した。EV向けの電池材料として負極材に使われ、中国が生産シェアの7割超を占めている。他にもアフリカのマダガスカルやモザンビークでも生産されているが、アフリカでの採掘や精練は中国企業が進出して抑えてしまっている。

中国は天然黒鉛だけでなく、それを使った負極材も、そしてさらに下流の蓄電池もEVも支配することに成功した。ここがガリウムとの大きな違いだ。

それではなぜ天然黒鉛の輸出規制に乗り出したのか。

半導体材料でもないので、半導体の文脈ではない。電池の負極材はEVだけでなくハイブリッド車にも使われている。狙いは、日本や韓国の自動車メーカーに対する揺さぶり、けん制だと見られている。とりわけ自動車メーカーが有する技術、例えば燃料電池車やハイブリッド車の技術は魅力的だろう。

24年9月2日、米ブルームバーグに興味深い記事が掲載された。タイトルは「中国、新たな半導体規制を巡り日本に報復を警告─関係者」とある。その記事の中で、こう書かれている。

「日本側が抱く懸念の一つは、新たな半導体規制に反発した中国が自動車生産に不可欠な重要鉱物へのアクセスに制約を加える可能性があることだ。トヨタ自動車がこうした問題を政府関係者に内々に伝えているという」。トヨタ関係者の懸念を伝えたものだ。

23年1月下旬、日本の経済界の代表団が中国を訪問した。その際、中国側に天然黒鉛の供給を要望したと言われている。天然黒鉛の在庫も早晩枯渇し、自動車生産に影響しそうだとの危機感があったのだ。この時には中国側は日本の代表団の要望を受けて恩を売った形で、とりあえずしのげるよう供給を承諾したといわれている。

事実ならば、日本は弱みを握られたままなのだ。そうした弱みがブルームバーグ報道でのトヨタ関係者の発言につながっていることが懸念される。

本来、天然黒鉛は一部の人造黒鉛と違って軍事用途の懸念がないので、輸出規制は世界貿易機関（WTO）違反として訴えるべきものだ。お願いして供給してもらう類いのものではない。前述のレアアースの輸出停止の際には、日本は代替開発するとともに欧米と一緒にWTOに提訴し、訴えが認められている。現在WTOが機能不全であっても、日本はルールでけん制する姿勢を示すべきだろう。これまでの対応は、「中国を刺激したくない」との外交姿勢の表れと見られても仕方がない。

日本は天然黒鉛で中国に9割以上依存している。レアアース危機での苦い経験から学ぶべきで、日本の自動車メーカーは中国の天然黒鉛が安いからといって、中国依存を脱する手を打ってこなかったツケがきているのではないだろうか。

人造黒鉛も中国に6割依存しているが、米国、インド、日本で世界シェアの2割強を生産している。コスト・時間をかけてでも人造黒鉛に切り替える努力もすべきだろう。

また天然黒鉛についても日本は早急に代替供給の開発をしようとしてはいる。アフリカでの鉱山開発と精錬を日本でも手がけようとしている。ただし実現して供給が安定するまでには時間がかかるだろう。

中国が供給の主導権を握っている重要鉱物は、タングステンやマグネシウムなど他にもまだ多数ある。半導体材料の原料になるものもある。狙いは様々だが、中国が今後も他の重要鉱物の輸出規制を打ち出すリスクを抱えていることは要注意だ。こう書いていたところ、原稿締切り直前になってやはり予想通りタングステンで輸出規制を打ち出してきたのだ。黒鉛でWTOに提訴するのもそうした事態への抑止力のためでもある。まだ規制されていない重要鉱物についても日本は国際的な連携と協力を積み重ね、中国依存度を下げる対策を進めていくことが急務だ。

米中の攻防が続くレアアース

半導体というアキレス腱《けん》を持った中国が反撃を狙うのが、世界生産の6割超を占めるレアアースの分野だ。

19年5月15日には米国によるファーウェイに対する事実上の輸出禁止の制裁も発動された。

米国の攻勢に対して中国は対米交渉を〝対等〟に闘っている姿を見せるための交渉カー

ドを早急にそろえる必要があったのだ。

交渉カードの1つが、米国が輸入の8割を中国に依存するレアアースの禁輸のカードである。習主席が急きょレアアース関連の磁石工場を視察して「重要な戦略資源だ」と強調したことに端を発して、先に紹介した対米輸出規制をほのめかした共産党機関紙の論評記事を掲載するなど揺さぶりの動きを繰り出した。

さらにレアアースの供給網全体の統制を強化する「レアアース管理条例」を制定した。中国は世界各地で原材料確保に動くとともに、加工事業では中国に依存させる戦略だ。

米国も2010年の中国による供給途絶を受けて、国防上の重要問題とし取り上げられ、国防備蓄も含めてサプライチェーンを確保するための法律も成立している。米国もレアアースは軍事用途に直結するだけに、中国の脅しに手をこまねいてはいない。中国に依存しない供給網を構築しようと、例えば、オーストラリア企業は米国防総省の資金援助を得て、米国に工場を建設した。

国防権限法においても、国防総省が中国からレアアース磁石を購入することを禁止するとともに国内のレアアース生産への経済支援を与える法律も成立している。

米中双方におけるレアアースを巡る攻防は今後一層激しくなるだろう。

レアアースを〝十羽ひとからげ〟に見るべからず

日本の報道を見ていると、レアアースを十羽ひとからげに捉えて、中国が世界の生産量の7割を占めることや、米国のレアアースの輸入の8割を中国に依存していることが強調されている。だが、これでは表面的な理解しかできない。

レアアースは、環境規制の緩い中国での生産コストが安いのでシェアが高い。中国は世界の生産量は7割を占めていても、賦存《ふそん》量は世界の3～4割である。

ただし、レアアースの種類ごとに子細に見る必要があり、中国は相当調べ上げたうえで、焦点を絞った手を打っている。現在の中国は10年に日本に対して供給途絶した際より、レベルアップしていると見た方がよい。

まずレアアースは、少なくとも「軽希土類」と「重希土類」に分けて考えるべきだ。

前者はセリウム、ランタンなどガラス研磨、触媒、光学レンズなどに使われるが、中国以外の国からの代替供給は可能だ。実際、10年当時も他国からの代替供給が増えて、その結果、中国の制裁解除後、価格が暴落したという苦い経験を中国はしている。

また供給途絶を受けた日本のメーカーはレアアースを極力使わない技術も開発し、状況は当時から劇的に変化している。現在の米国の対中依存度が8〜9割だからといって、単純に壊滅的打撃を受けるというのは早計だ。10年当時の日本企業と同様に、米国企業も代替供給、使用削減を大胆にするだろう。その結果、中国自身の首を絞めかねない、いわば〝もろ刃の剣〟なのだ。

他方、重希土類はジスプロシウムなど磁石に使われ、強力な磁性や耐熱性を出すために磁石に添加する。ＥＶのモーターに使うだけでなく、ミサイルの精密誘導装置や戦闘機のレーダー、ソナー装置などにも使われ、安全保障上の大きな懸念材料だ。これらは中国以外の代替供給ソースは短期的には困難だ。地質上、中国南西部に偏在し、まさにそこに狙いを定めて習近平主席は訪問視察もしている。

レアアースを巡る駆け引きは第2期トランプ政権においてもますます激しくなりそうだ。

「技術の囲い込み」も要注意

技術についても輸出規制を戦略的に使おうとしている。要注意だ。話は前後するが、次章では中国が戦略産業のチョークポイントになる技術を入手しようと躍起になっていることを説明している。実はこうして入手したチョークポイント技術を今度は中国が他国に流出しないようにしているのだ。

「一旦手に入れた技術は海外企業に渡さない」

こうして技術を囲い込むことによってグローバル市場における中国の圧倒的なシェアをより確固たるものにして支配するのが狙いだ。

そのために輸出規制を行う技術のリストである「輸出禁止・輸出制限技術リスト」も大幅改訂している。

リストには、例えば、太陽電池用のシリコン・ウェハーの製造技術や高性能磁石の製造技術も含まれている。後者は次章で紹介するように、かつて日本企業が競争力を持っていたにもかかわらず技術流出して中国企業が支配しつつある分野だ。

上で述べたレアアースについても採掘・精錬の技術を幅広く禁輸・規制して、技術を独占する中国企業に依存せざるを得ない状況を作ろうとしている。

さらに25年に入って、リチウムイオン電池の正極材に関する製造技術を新たに規制対象に加えた。これもリチウムイオン電池市場を支配する狙いだ。

こうして中国は米国の半導体輸出規制の強化に対抗する武器を着々と磨いているのだ。

なお、第1章で紹介した米国によるＴｉｋＴｏｋの売却命令に対しては、中国はこれに対抗すべく人工知能（ＡＩ）アルゴリズム技術を規制対象に追加しており、今後の動きを見る上で注目される。

Ⅱ　中国による過剰生産を警戒する日米欧

最近、西側諸国と中国の対立の焦点に浮上しているのが、中国の過剰生産能力問題だ。

これはこれまで２０１０年代半ばから世界を悩ませてきた中国による鉄鋼の過剰生産問題

とは次元を異にする。今ではＥＶ、リチウムイオン電池、太陽光パネルといった、いわば脱炭素の「三種の神器」の中国による輸出が急拡大している。これは「チャイナショック２・０」とも呼ばれている。中国の巨額補助金が過剰生産能力を生み出し、安価な製品の輸出につながっていると見られているのだ。

この過剰生産問題は鉄鋼やセメントなどの素材産業で見られる、不動産不況による景気停滞による供給過剰とは別物だ。米中対立の中で中国が戦略産業において覇権を獲得する戦略の一環なのだ。

中国は巨額の補助金によって過剰な投資による生産能力を持ち、安値で西側諸国の競合企業をグローバル市場から駆逐し中国企業が海外市場を支配する。そして他国を中国に依存させることをねらう。先の「三種の神器」の他、非先端の汎用半導体でも同様の事態が懸念されている。半導体については第４章で説明しよう。

中国の意図的な戦略によるものだけに深刻だ。まず欧米諸国の懸念を見てみよう。

中国に政策転換迫る欧米

24年4月、ジャネット・イエレン米財務長官（当時）は訪中して、中国の過剰生産への懸念から政策転換を迫った。

「中国のＥＶ、リチウム電池、太陽光パネルなどの『新産業』における過剰生産能力が、世界の価格をゆがめ、米国及び世界の企業や雇用に悪影響を及ぼす。人為的に安くされた中国製品によって世界市場が氾濫すれば、米国をはじめ外国企業の存続が危ぶまれる。そしてサプライチェーン（供給網）の一極集中を招いて、米国の企業や労働者を弱体化させる」

バイデン大統領（当時）も「世界中の製造業を廃業に追い込んで不当に市場を支配しようとしている」と厳しく批判して、通商法３０１条に基づき、ＥＶや鉄鋼などへの対中制裁関税を大幅に引き上げた。

米国の動きに先立って、すでに欧州も動き出した。23年10月、中国から輸入されるＥＶについて、中国政府の補助金が市場を歪曲しＥＵのＥＶ産業に悪影響を与えているとして調査を開始した。太陽光パネルや風力発電装置も同様の理由で中国企業の調査を開始した。

過剰生産に至る、中国の「段階的戦略」

ＥＵは、中国の過剰生産能力が「中国の戦略の一環」であると指摘した。24年４月、欧州委員会のマルグレーテ・ベステアー上級副委員長（当時）は米国での講演で、中国がいかにして太陽光パネル業界を支配するようになったのか、を例にして４つのステップを解説している。

①中国の巨大国内市場に外資を誘致する
②合弁事業設立を求めながら、技術を獲得する
③巨額の補助金で中国メーカーの投資・生産を支援し、外国企業を中国市場から徐々に締め出す
④過剰生産能力を持って低価格で海外へ輸出する。その結果、欧州生産の太陽光パネルは駆逐される

かつて欧州企業が圧倒的な競争力を有していた風力発電装置でも同じパターンをたどっ

■中国の『技術入手→国産化→過剰生産』の戦略的プロセス

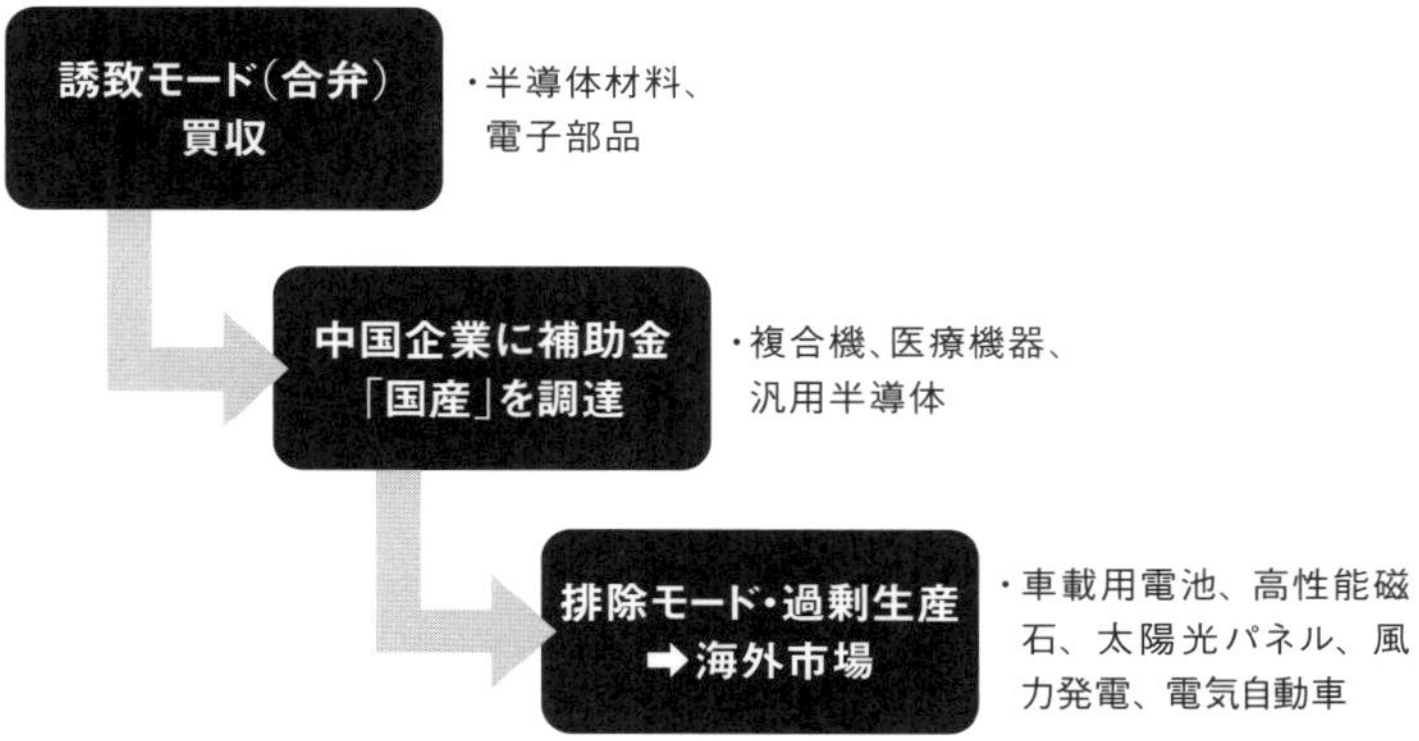

出所：著者作成

ている。今や中国企業による欧州市場への攻勢に悲鳴を上げているのだ。現在は汎用半導体でも同様のパターンが起きている。

その結果、一方的な中国依存は欧州の競争力だけでなく経済安全保障も危うくすると指摘している。これは決して目新しい指摘ではない。私もこれまで再三指摘してきたことだ。私はより簡潔にするために、各段階の産業も含めて3段階で図示している【図参照】。これは現時点での状況で、今後の進展次第では左上から右下へ移行する。

今や中国企業は太陽光パネルでは世界シェアの8割、風力発電では6割を占めている。中国政府は汎用半導体でも「世界シェアの8割目標」を水面下で国内産業界に指示しているとの情報もある。

戦略産業で世界制覇を目指す中国の戦略に対して日米欧が危機感を共有している。24年6月の主要7カ国首脳会議（G7サミット）でも、この「中国の過剰生産問題」が焦点だった。不透明な補助金や税優遇による中国の過剰生産が市場競争を歪《ゆが》めていることを「有害」と断じて名指しで批判した。そして共同での対応策を検討することで合意している。

習主席の強弁「過剰生産問題は存在せず」

習近平主席は過剰生産に対処するための措置を講じるよう要求されたのに対して、真っ向から否定した。

「いわゆる中国の過剰生産能力問題というものは存在しない」

中国共産党の機関紙・人民日報も「生産能力過剰かどうかの判断は今後の世界市場の需要をみる必要がある」との主張を掲載した。しかし実際に中国の設備稼働率のデータを見ると、鉄鋼など素材業種からＥＶ、電池まで幅広い業種で稼働率が大きく落ち込んでいて、過剰生産能力があることは紛れもない事実だ。そこで中国のエコノミストたちはこれを「一時的なもので、西側諸国が主張するような構造的なものではない。従って過剰生産は早晩、解消する」との論を展開している。

しかしこれは政治的なプロパガンダだ。西側諸国が懸念するような「(構造的な)過剰生産問題は存在しない」とする中国政府の立場を踏まえて、「マクロ経済の一時的現象」との説明で批判をかわそうとしている。

欧米は中国製EVの関税引き上げ

米国は24年5月、中国製ＥＶの関税を25％から１００％へ引き上げると公表した。手法はトランプ政権と同じような通商法３０１条による一方的な関税引き上げだ。現状では米国のＥＶ輸入先の国別シェアで中国は２％にも満たないので、実態としては〝真空切り〟のようなものだが、警戒感は強烈だ。あえて将来の輸入増加への危機感を前面に出したものだ。

一方、欧州は24年6月、中国製ＥＶに最大38・1％の追加関税を7月から暫定的に課すと発表した。現行の10％に上乗せされる形だ。米国の制裁とは一線を画して説明はこうだ。「中国製ＥＶは中国政府による不公平な補助金によって公正な競争を阻害している。そうした補助金による効果を無効化するのが狙いで、中国製ＥＶを排除することを狙う米国とは違う。そのため上乗せの税率は米国に比べて控えめになっている」

詳細は省くが、中国との駆け引きは加盟国を巻き込んで続き、最終決定に至った。今後も中国は欧州での現地生産など取引のカードを切ってくる可能性もある。

欧州委員会はＥＶだけでなく太陽光発電、風力発電タービンについても同様の調査をしているので、中国とのせめぎ合いの戦線は拡大して続く。

米欧がこうして中国製ＥＶの関税引き上げをする中で、日本はどうするのかが問われている。

中国を刺激したくない日本

日本はこうした中国の過剰生産による安値輸出に対してどう対処しようとしているのか。一言で言うと、「中国を刺激したくない」が外交方針のようだ。

ルール重視、WTO重視の外交を標ぼうするのはいいが、これまでも中国に対してアンチダンピングの関税や補助金相殺の関税などWTOに規定されている手段を活用することさえも必要以上に慎重だった。

例えば太陽光パネルの中国による安値攻勢に対して、日本は欧米と違って何ら措置を講じなかった結果、国内のメーカーは壊滅状態となった。

「100%勝つのでない限り、提訴しない」と国際感覚の欠如した発言をする有力政治家までいる。対中貿易依存度が20%と高いこともあって、中国からの報復措置を産業界も強く心配する。中国から見ると、これほどくみしやすい相手はいない。そうなると米欧のような貿易措置での対応はおよそ期待できない。かといって、無策のままでいいわけがない。

そこで昨年来取り組んでいるのが市場サイドでのルール作りだ。単に安値で調達するのではなく、信頼性、環境などの持続可能性といった要素を加味して特定国に過度に依存しない「調達のルール」にしようとするものだ。ただし日本のような小さな市場だけでは意味がなく、国際連携は重要だが、即効性がなく時間がかかる。

欧米のような貿易措置も併せて行うべきで、それをしない言い訳にしてはいけない。

「保護主義のデパート」中国が「自由貿易の擁護者」を演じる

中国はこれまでも米国に対して「保護主義」との対米批判を繰り返し、自らは「自由貿易の擁護者」「反保護主義の旗振り役」を演じる「レトリック外交」を展開してきた。トランプ政権をにらんで、ますますそうした情報戦を強化している。

中国が〝自由貿易〟を主張するのをナイーブに額面どおりに受け取ってはいけない。むしろ自らは他国に対して輸出規制、輸入規制などでWTOに違反する経済的威圧を繰り出すことが常態化しており、まさに「保護主義のデパート」だ。中国の言行不一致は明らかで、国際的にも「エセ自由貿易」と揶揄《やゆ》されている。

「影の主役はトランプ氏」

24年11月ＡＰＥＣ、Ｇ20首脳会議でメディアは一斉にこう報道した。首脳宣言では「トランプ次期政権の保護主義をけん制」して、「自由貿易の重要性」が盛り込まれたとした。そう読みたい気持ちは分かるが、これは中国のプロパガンダに影響されたメディアの一面を表している。

「自由貿易」については、近年の国際会議では「自由かつ公正な貿易」が代わって定着している。「自由」には保護主義への警戒が込められているが、「公正」には中国を念頭に、巨額補助金による安値輸出など不公正な貿易をけん制する意図があるのだ。

今回の首脳宣言ももちろん「自由かつ公正」となっている。ところがメディアは「公正」には目もくれず、「自由」だけ取り出して、「トランプ政権を見据えた牽制《けんせい》だ」と報道する。

明らかに中国の情報戦が効いているのだ。そうしたことを見極める冷静な目が必要だ。

第3章

日本企業も標的になる「先端技術の流出」

前章で中国の「双循環」戦略のうち、「国際戦略」を見てきた。この章ではもう1つの柱である「国内循環」を取り上げよう。「国内循環」では中国は戦略産業を国産化するためにに**「自己完結型のサプライチェーン」**の確立を急いでいる。言い換えれば、「自強自立」への脱皮だ。そのカギを握るのが海外企業からの先端技術の入手だ。

それは裏を返せば、企業が技術流出のリスクという深刻な問題に直面していることを意味する。企業が対処するためには前提になる〝脅威〟をつかんでおくことが必要だ。企業経営に直結する問題なので、できるだけ具体的に取り上げていこう。特に企業関係者にはそうした問題意識で読んでもらいたい。

I 「自己完結型のサプライチェーン」のための技術獲得

「基幹的な核心技術の争奪戦に勝利せよ」「カギになる中核技術の入手に努力せよ」

習近平主席はこう檄《げき》を飛ばしている。中国企業が中核技術を持っていないことが重要産業の国産化のネックになっているとの危機感の表れだ。米中対立の中、中国は自国企業に技術がないために生産できない戦略品目を早急に自前で生産できるよう躍起になっている。

中国は2015年から「中国製造2025」を打ち出し、製造強国を目指していた。さらに習主席は20年「国家安全にかかわる領域で国内生産体制を構築すべきだ」とした。

この国家安全とは「中国版の経済安全保障」だ。人工知能（AI）、量子技術、半導体、バイオ医薬、航空宇宙だけではない。ターゲットとしている戦略産業は半導体の装置、電子部品、産業用ロボット、新素材など広範囲に及ぶ。複合機や医療機器もその1つだ。

目標はこうした戦略産業のサプライチェーンの上流から下流までを一気通貫に自国で完結させる、いわゆる「自己完結型のサプライチェーン」だ。そのために中国企業に欠けている「ボトルネックになっている技術」の入手に躍起となっている。とりわけサプライチェーンの川上の「原材料・重要部品」は重点分野だ。

中国が国産化戦略のギアを上げることには理由がある。

1つは22年のロシアに対する経済制裁だ。ロシアによるウクライナ侵攻によって西側諸国はロシアに対してハイテク禁輸措置の経済制裁を行っている。中国はこうした西側諸国によるロシアに対する経済制裁を注意深く研究している。将来の台湾侵攻における自国に対する経済制裁に備えていると見られている。

その結果、こうした国産化の動きは最近になってますますエスカレートし、より大胆になっている。

また米国による対中規制も中国に国産化を急がせる。相互に作用、反作用の関係ではある。習近平3期目が決まった22年10月、米国による新たな対中半導体輸出規制に直面して、中国は技術覇権の戦略で新段階に入ったようだ。国産化戦略のギアを一段と上げて、ますます広範かつ巧妙になっている。

問題は技術入手の手段だ。外資企業の誘致と買収を取り上げよう。

高性能磁石での「苦い経験」

かつて日本は、電気自動車（ＥＶ）のモーターなどにも必要な高性能磁石で苦い経験をした。レアアースから造る高性能磁石の製造は日本企業が競争力を有していた。しかし、15年、中国からの猛烈な誘致を受けて中国企業と合弁会社をつくって中国に進出したのだ。技術流出には警戒していたにもかかわらず、数年後にはパートナーの中国企業に技術が渡り、今ではこの中国企業が米テスラのＥＶに高性能磁石を納入するまでになっている。

製造装置も盲点になっていた。中国企業が日本の製造装置メーカーから購入することで、製造技術を獲得していったのだ。２０１０年代に日本の製造装置メーカーがどんどん中国に輸出した結果、製造技術が流出してしまった。中国にとっては成功体験でも日本企業にとっては苦い経験だ。

「外資誘致」による技術入手プロセス

22年10月、中国は「外商投資奨励産業目録」を3年ぶりに改訂して発表した。これは外国企業に中国投資を奨励する産業リストとされており、これらの産業の中国投資に対して優遇措置を講じる。表向きはこれを「対外開放」の象徴として宣伝し、外資を重視する姿勢を強調している。

しかしこうしたプロパガンダを真に受けていてはいけない。狙いは「外資企業からの技術入手」と見られている。その産業リストに新たに電子部材や先端デバイス材料など日本企業が技術に強みを持つ分野が多数追加されている。

こうした外資誘致による技術入手には典型的なパターンがある。

先端技術を有する外資企業を中国国内での生産に誘い込み、それによって外資企業の有する先端技術の獲得を狙う。

まず中国企業にない技術を有する外資企業に、中国企業との合弁で中国国内で生産することを要求する。その際、中国の大口顧客企業と取引を継続する「条件」とすることで揺さぶる。

そして政府調達が関係する製品の場合は、「政府調達を〝国産〟に限る」として、「外資企業も中国で生産すれば〝国産〟と認める」とする。

ただし、これは当初の段階だけであることに注意すべきだ。それを真に受けて中国で生産すれば、次第に条件を厳しくしていく。例えば、「設計・開発も中国国内でなければならない」「基幹部品も中国で生産しなければならない」と変えていくのだ。

こうして中核技術がいつの間にか流出して、中国企業が技術を獲得して競争力をつけてしまう。そうなると外資企業はもはや必要ない。外資企業が中国で生産しても〝国産〟と認めず、中国企業による中国ブランドだけが〝国産〟となる。

こうしてゴールポストの位置は、みるみる変えられていく。外資企業が気づいたときには〝お払い箱〟で、この段階に至って「外資排除」となるのだ。重要産業をターゲットに、次々と同様のパターンを展開している。

他産業で起こっていることを学ぶべし

企業はこうしたプロセスをたどる全体戦略を理解しておく必要がある。複合機も医療機器も同じプロセスをたどっている。中国は様々な産業で時間をかけて国産化戦略を展開している。現時点での一産業の一コマだけを切り取って見ても中国の全体戦略を理解できないし、その深刻度は見えてこない。

私はこれまでも中国の国産化戦略の脅威の〝標的〟になっている重要産業を逐次取り上げて、日本企業に警鐘を鳴らしてきた。

同じような手法は繰り返されるので、他の産業で起こっていることを知るのは、技術流出に備える上で不可欠だ。日本企業は異なる産業で同じ轍《てつ》を踏んできた。企業も他の産業で起こったことを学習せず、技術を流出させてしまった企業は「我が社の恥」とばかりに口をつぐむ。その結果、苦い教訓が引き継がれないという構造的な問題がある。企業は他産業の事例から〝教訓〟を学ぶべきだろう。明日は我が身だ。

過去に起きた、あるいは現在進行形の事例を具体的に取り上げよう。

Ⅱ　各産業が直面している具体的事例と対応

先端電子部品は「日本のお家芸」

先端電子部品も日本のお家芸だ。スマートフォンやEVを支えるコア部品で、日本企業のシェアはコネクター、アクチュエーターで100％近い。とりわけ積層セラミックコンデンサ（MLCC）は車の電装化には欠かせない。EVはガソリン車に比べて1台当たり3～4倍のMLCCが使われる。もちろん電装化が進展している軍事用途でも不可欠だ。

高周波の5G通信や無線LANをはじめとした通信機器でノイズ除去に用いられる高性能フィルターもそうだ。今後の通信量の拡大に伴って需要は拡大していく見込みだ。日本企業が80％のシェアを持つとされている。この他、半導体のプリント配線板に使用する薄い銅箔なども日本企業は競争優位を有している。

中国は21年1月、電子部品産業の強化計画を発表した。対象部品として半導体に加えて、プリント基板、センサー、磁石、磁性材料、電池材料、製造設備、ソフトウエアなどが対象で、自前の国内供給網を目指すものだ。中国が「EV強国」となるために必要な主要部品でもあり、補助金や税の優遇措置で強力に支援している。

22年10月に中国が「外商投資奨励産業目録」を改訂したことは前述したが、その対象にMLCCや高性能のフィルターなど電子部品が掲載されている。それはつまり、これらの技術を外国企業から入手する狙いであると見られる。要注意だ。

日本企業の間では危機意識が広がっている。正極材、負極材、電解液、セパレーターといった電池材料は2010年代前半までは日本企業が世界を牽引《けんいん》していた。しかしその後、中国勢の台頭によって日本企業の市場シェアはあっという間に劇的に低下していったのだ。先端電子部品でも同様のことが起こりかねない。

積層セラミックコンデンサー（MLCC）の備えは急務

MLCCの日本企業のシェアは60％前後だが、信頼性が要求される難易度の高いハイエンド品は日本企業が技術優位にある。用途によって車載用とスマホ用に大別され、いずれもコアになる部品だ。車載用は長期にわたって高電圧・高温に耐えられる信頼性がカギになる。一方、スマホ用は極小にする微細化技術がカギになる。そうした製造ノウハウこそ日本企業の強みだ。

MLCCの主要メーカーの日本企業は村田製作所、TDK、太陽誘電、京セラと4社ある。技術レベルの低いローエンド品は中国に生産拠点を有しているが、問題はハイエンド品について中核的な技術の流出をいかに防ぐかだ。軍事用にも使われる一部の例外を除き、多くが外為法の規制の対象外なのだ。

ＭＬＣＣ４社の間でも技術的な強みを有する分野の違いがある。「中国に最先端の技術は出さない」と言っても、最先端の技術かどうかの線引きで足並みをそろえるためには業界内の共通認識も必要だ。業界だけでは利害が対立して難しければ役所も関与すべきだろう。そのためには官民の間で緊密な対話を行うことが不可欠だ。

サプライチェーン全体の管理の徹底を

その際、重要なのはＭＬＣＣそのものだけでなく部素材や製造装置も含めてサプライチェーン全体を管理することだ。

ＭＬＣＣは製造工程の数も非常に多く、使用する部素材も多い。その品質が電子部品の性能に直結するため、極めて重要だ。多様な製造装置メーカー、材料メーカーが関わり、重要な役割を担っている。サプライチェーンに技術を有する多くの中堅・中小企業が関わることは日本の強みであると同時にリスクにもなり得る。技術情報が流出するリスクだ。

ある電子部品大手の経営現場では懸念すべき事態も起こっている。

メーカーの調達部門が部材を安く仕入れようとするのは当然だが、安く買いたたかれた中堅・中小の部材サプライヤーの経営が苦しくなって窮していると、中国企業がアプローチしてくる。それをビジネスとして仲介する商社もある。狙いは中核部品のサプライヤーの技術だ。部材を入り口に、致命的な技術流出へとつながりかねない。

経営者はこうした現場での実態を把握し、自社のみならず、部材のサプライヤーも含めたサプライチェーン全体の技術管理に目配りする必要がある。そしてサプライヤーから情報が流出しないよう安定的な関係を維持しておくことは重要だ。

かつて高性能の磁石の製造技術が中国に渡ってしまったのは、メーカーから製造装置を入手したことにあるとすでに指摘した。重要な製造プロセスの製造装置については技術流出を避けて、ノウハウとともに内製化しておく取り組みも必要だろう。

中国の技術獲得の動きは加速している。最近、日本企業に対する中国への工場誘致の圧力や買収の動きもある。さらには電子部品分野で日本人技術者を引き抜く動きも顕著になっている。

日本企業にとって人材や技術の流出問題への対策は急務だ。

これは単なる一企業の利益の問題ではない。企業が短期的なビジネスの視点だけにとらわれていると、長年築き上げてきた競争優位は瞬時に失われる。気が付いた時には電子部品産業全体の競争力に深刻な打撃を与えている。そうなってからでは手遅れだ。

日本政府も手をこまねいているわけではない。24年1月、日本政府は経済安全保障推進法の特定重要物資に「先端電子部品」を追加した。先端電子部品の製造基盤を国内に確保するために、設備投資や技術開発を支援している。

見落とされがちな電子顕微鏡の強み

こうした中で地味で見落としがちなのが電子顕微鏡だ。中国はこうした検査装置の分野も国産化のターゲットとしており、その代表例だ。

電子顕微鏡は高性能の分析機器で、原子等の小さな粒子を観察する。例えば半導体材料に電子線を当てた際に材料から出る「発光」を観察し、結晶の欠陥や不純物などを見つけ出す。電子線の当て方一つでそれらを正確に検出できるかどうかが変わってしまうという高度な技術の結晶であり、日本企業は世界トップシェアだ。

電子顕微鏡には透過型（ＴＥＭ）と走査型（ＳＥＭ）の2種類がある。透過型は電子ビームを試料に当てて、透過した電子による像で内部構造を観察する。日立ハイテク、日本電子の日本企業2社、米サーモフィッシャーサイエンティフィック、ドイツのツァイスの4社が独占しているといわれる。走査型は表面構造を観察するために、試料に走査する電子ビームの幅をいかに細くできるかの技術が問われる。主に日米独チェコの企業が供給している。

中国はこれまで、透過型は１００％を輸入に依存しており、18年に公表された「**中国が早急に獲得すべき35のチョークポイント技術**」にも挙げている。そこで技術獲得に躍起になっており、日本企業や産学連携を行う日米の大学にも秋波を送っていたようだ。日本のアカデミアからの研究者流出が指摘される分野の一つだ。

23年、党幹部から国産化の檄《げき》が飛ばされたとの話も伝えられていたが、24年1月、ついに初の国産化製品を誇らしげに発表するに至った。

早急に技術流出に手を打たなければ、今後、中国による安価な製品が世界の市場を席巻することにもなりかねない。

以上のように、積層コンデンサー（ＭＬＣＣ）や電子顕微鏡、さらにはフィルター、銅箔など日本企業のお家芸の電子部品について、私はこれまでしきりに技術流出への警鐘を鳴らしてきた。

そうしたところ政府もやっと対策に重い腰を上げた。本章後半で紹介する「新たな技術管理のための新制度」を24年12月30日にスタートしたが、これらの技術もその対象にした。

複合機での攻防

複合機はデータを扱う製品で情報ネットワークとして重要だ。中国が照準を合わせる理由でもある。

光学や化学、通信など高度な技術の擦り合わせが必要で、日本企業が技術力で優位にある。世界市場でも約9割という圧倒的シェアを誇る貴重な分野だ。中核部品には半導体やレーザーといった先端技術が凝縮されている。

中国の「国家標準」を使った技術入手戦略

中国市場に進出している日本企業は10社もあるが、こうした技術を守るために主に日本で開発・製造し、中国で行うのは組み立てにとどめている。

これに対して、中国は22年、製品の技術仕様などを定める「国家標準」において中核部品も含めて中国で設計・開発・生産をするよう要求する草案を明らかにした。中国での設計・開発により、これらの技術が流出するリスクは高まる。明らかに技術入手を狙ったものだ。

これが日本でも報道されて問題が顕在化したが、問題は日本企業の反応だった。驚くことに、中には「むしろ事を荒立てないでほしい」と漏らす企業もあった。これは中国から水面下で揺さぶられていることが背景にあると考えられる。これまでも他業界に対して繰り返されており、要注意だ。

「こうした手法を認めてしまうと、中国は当然他の分野にも対象をどんどん広げてこよう。日本は欧米とも連携して厳しく臨むべきだ」

私はこう当時から指摘していたが、業界もこれに危機感を募らせた。

その後、日本政府は欧米とも連携して強く反対し、23年、中国は草案からこの条項を削除することとした。一旦とりあえず事なきを得たが、将来も要注意だ。

複合機メーカーの教訓

こうした中で、日本の複合機メーカーの中には技術流出の懸念から方針転換を強いられたケースもあった。富士フイルムホールディングス子会社の富士フイルムビジネスイノベーション（BI、旧富士ゼロックス）は22年7月、中国上海の複合機工場での生産終了後、工場を中国企業に約12億円で売却すると発表した。売却後はこの中国企業に生産を委託する方針だった。

これに対して私は「中国は複合機を含めたIT（情報技術）製品の国産化を急いでいる。『売却による（先端の）技術移転はない』としているが、果たしてそれで済むだろうか。」と警鐘を鳴らしていた。当時の指摘はこうだ。

「当初の技術移転は大したことがないから大丈夫と高をくくっていると、後になって次々要求してくるのが中国の常套《じょうとう》手段だ。結果的に技術流出してしまったケースは多い。まさに〝蟻《アリ》の一穴〟の恐れがある」

その後、事態は急展開することとなった。

富士フイルムＢＩは一転して売却を撤回して工場閉鎖を公表したのだ。そして上海工場で生産している複合機などは他拠点に生産移管した。懸念を払拭するためには工場売却の断念はやむを得なかっただろう。企業には慎重な対応が必要だ。これは他の業界も他山の石とするべきだろう。

複合機で直面した問題は様々な教訓を投げかけている。

もちろん中国が重要な市場であることは間違いない。しかし市場攻略においては、短期だけではなく持続可能な中長期視点でなければならない。「どこまでの技術ならば中国に持って行ってもいいのか」経営者には難しい判断が迫られる。

その後、日本の複合機業界ではこの富士フイルムＢＩの事例を教訓にした動きもみられた。

大手複合機メーカー、コニカミノルタの対応だ。24年8月、コニカミノルタは中国江蘇省にある事務機工場での生産を2025年前半に終了すると発表した。市場動向を踏まえ、採算改善を狙って中国国内にある2つの工場をひとつに集約する。

注目すべきは、他社への事業譲渡はせず、複合機の生産設備は他の自社生産拠点に移管する。技術流出の懸念のないよう慎重に対処したようだ。2年前の富士フイルムＢＩの苦い経験を参考にしたのではないだろうか。

今、中国事業の縮小や撤退に悩む日本企業は多い。そうした企業にとって技術流出の懸念のない対処の参考例となるだろう。

中国はＩＴ分野における調達で外資の排除を進めている。調達先を中国企業に絞り、外資企業を事実上排除する動きをしている。日本企業の複合機ビジネスは厳しさを増しており、中国事業のさらなる縮小・撤退があっても不思議ではない。

私は「そもそも日本企業が複合機だけで10社も中国に進出して、日本企業同士が中国市場でシェア争いしていること自体が異常だ。中国企業に売却するのではなく、例えば日本企業に売却するなど、お互い強みを持ち寄って合従連衡する知恵が経営層に欲しいものだ」と指摘していた。

その後、日本の複合機業界は再編にやっと動き始めた。前述のコニカミノルタと富士フイルムの業務提携だけでなく、リコーと東芝テックも開発・生産の統合に動いている。急激に追い上げる中国に対して、競争力を維持するためには業界再編は不可避だろう。

医療機器、「国産を優先調達」で外資を揺さぶる

高性能の医療機器でも技術流出の深刻な事態に直面している。日本企業が競争力を有する分野だ。中国市場に先行して進出している独シーメンスや米ゼネラル・エレクトリック(GE)、オランダのフィリップスも技術流出で苦い経験をしている。中国国内でのメンテナンスを請け負う中国企業や、中国での子会社からも技術が流出したようだ。中国の新興医療機器メーカーが急成長した裏にはそうした現実もあるのだ。日本企業も欧米の先行企

業の苦い経験を踏まえて慎重な対応をすべきだろう。

21年8月、中国が政府調達で国産を優先して、外国製品の排除を進めているとの報道があった。中国政府が地方政府へ通知した内部文書によるものだ。報道によると、医療機器をはじめとする先端機器で、41分野の315品目が対象になっている。

中国の場合、政府調達の意味合いは欧米、日本等とは比較にならないほど大きい。公表されているものだけで総額は約56兆円で、うち地方政府が9割強を占めるとされている。例えば医療機器だと購入する病院の多くは公的機関で、中国市場の7~8割の病院が「政府調達」の対象となる。また民間企業による調達も政府調達の基準に事実上「右へ倣え」と影響されるので、インパクトは大きい。

国産製品を政府調達の条件とする中国政府の狙いは何か。

それは先端技術を有する外資企業を中国国内での生産に追い込むことにあると見られる。しかも外国企業には設計開発や重要部品を中国国内で調達するよう求めている。それによって外資企業の有する先端技術の獲得を狙っているだけに、外資企業にとって技術流出のリスクをはらむ。

しかも見逃してはならないのが、政府調達において外資企業が中国で生産しても、必ずしも〝中国製品〟として扱われるわけではないという点だ。実態は中国企業が生産する〝中国ブランド〟が優先され、外資は事実上排除される。「国産優先に対しては中国で作ればいい」として中国への工場進出に誘い込む中国のプロパガンダを鵜呑みにする日本のコンサルタント会社もあるので、単純に誤解している日本の経営者も多い。中国生産を始めてから「見込み違いだった」では後の祭りだ。

なお、世界貿易機関（WTO）の政府調達協定では内外企業の差別を禁じているが、中国はこれに加盟していないので、大胆な内外差別がまかり通ってしまう。

ディスプレー部材に食指を動かすBOE

中国は部材・素材の国産化も加速している。中国政府は他国に依存していた部材・素材について、早急に他国依存から脱却する方針で中国企業に急がせている。そのため日本企業への働きかけも強めている。

関係する日本企業に取材をしてみると、大方の中国の手法は見えてくる。

1つ目は中国国内で生産させる、2つ目が中国資本が51％以上の企業からしか購入しないとして合弁に持ち込む、というものだ。液晶ディスプレーや有機ＥＬパネル、リチウムイオン電池でもサプライチェーンの上流から下流までを一気通貫に「自国で完結させる戦略」を明確にしている。

例えば、中国ディスプレー最大手の京東方科技集団（ＢＯＥ）は中国政府の指示のもと、材料のうち中国企業が技術を有していないために作れないものをリストアップして、その技術を持つ日本企業を誘致しようと強力に働きかけていると見られている。

ＢＯＥはかつて日本企業や韓国企業の技術をあの手この手で入手して、中国政府の巨額支援の下に急成長したと言われている。中国にとっては〝成功モデル〟だが、主要7カ国（Ｇ7）など各国からは「市場歪曲的《わいきょく》」「不公正」と批判されている。その手法を、部材にまで広げようとしているのだ。

ある重要部材では、日本企業数社が製造してＢＯＥなど中国パネルメーカーに供給している。ＢＯＥは重要顧客という立場を利用して日本企業に中国進出を強く求めてきているという。

半導体は部材・装置にも照準を合わせる

とりわけ米中対立の主戦場である半導体は最重点とする内製化の戦略分野だ。注意すべきは、中国は「半導体のサプライチェーン」を押さえようとしていることだ。共産党大会での活動報告でもサプライチェーンの強化がうたわれているが、カギは製造装置と材料だ。いずれも日本企業が技術を有して強みとしており、中国への輸出、投資も活況を呈している。

また19年に大騒ぎになった、日本による韓国への半導体材料の輸出管理の厳格化を見て中国は当然手を打とうとしている。

リチウムイオン電池の部材である電解液などは、かつては日本企業が席巻していたが、近年、急速に中国が追いつき、追い越している。業界によると、供給網の上流に遡って中国進出する日本の部材メーカーからの技術流出もあるようだ。半導体部材でも短期的利益しか見ないことで、同じ過ちが繰り返されることが懸念される。

中国政府の指示を受けて、中国大手半導体メーカーは技術を有する日本企業に対して合弁での工場進出を強く求めている。狙いはもちろん技術入手だ。揺さぶりと分かっていても、大口顧客からの要請だけに日本企業もむげには断りにくいようだ。場合によっては「競合他社はＯＫしたので、乗り遅れる」と偽情報で日本企業を焦らせる。また日本人技術者の引き抜きも活発化している。

原料供給の立場からの揺さぶりもある。シリコンをはじめ、上流の原料では中国に依存しているものも多い。原料確保を中国への工場進出の交渉材料にするのだ。日本企業のシリコンウエハーの技術が欲しい中国が、シリコンウエハーの上流の金属シリコンでは世界の約7割を押さえている。

振り返れば15年ごろ、高性能磁石の分野で日本企業が中国と合弁での生産をスタートして技術が流出したのも、原材料のレアアースで揺さぶられたことが大きい。


半導体でも製造装置も含めてサプライチェーン管理が重要になっている。

半導体の製品を検査する検査装置も製造プロセスに不可欠だ。そしてこの分野は日本企業が競争力を有することにも、当然、中国は関心を持っている。ターゲットには検査装置メーカーだけではなく、重要な基幹部品を供給する協力会社まで含まれるようだ。装置メーカーは、自社だけでなく、基幹部品のサプライチェーンも含めてしっかり管理する必要がある。


さらに材料、装置分野では、多くの日本企業同士が競い合う実態も大きな課題だ。技術で先行し続けるためにも多額の開発資金が必要になる。中国の追い上げを考えると、業界の集約化を急ぐべきだ。

半導体材料大手のＪＳＲは、官民ファンドの産業革新投資機構（ＪＩＣ）の買収を受け入れた。これは同社の経営戦略として、官民ファンドを利用して業界再編を仕掛けていこうとするものだ。経営判断として大いに評価できる。

こうした分野での日本企業の強みが、いつまでも維持できると考えるのは甘い。中国の国産化戦略は明らかに加速化、巧妙化している。産業再編は焦眉の急だ。

苦境の自動車部品の中国撤退

今、日本のメガバンクに中国事業からの撤退相談が相次いでいるのが自動車部品メーカーだ。2000年代に入って日本の完成車メーカーは中国企業との合弁で現地生産を本格化させた。自動車は産業の裾野が広く、これに伴って部品・材料メーカーも中国に進出した。日本自動車部品工業会によると会員企業の現地法人数は618社（22年時点）に上る。

しかし足元では中国事業の撤退や縮小の動きが相次いでいる。23年、フジクラは自動車用ワイヤハーネス（組み電線）の製造拠点を閉鎖した。ブリヂストンは中国でのトラック・バス用タイヤの生産販売から撤退を決めた。帝人は自動車向け素材である炭素繊維をはじめとした複合成形材料事業を中国企業に同年8月に売却して撤退した。

こうした大企業だけではない。多くの中堅中小の部品・材料メーカーも縮小・撤退を模索している。その背景には日系完成車メーカーの販売低迷がある。新エネルギー車（ＮＥＶ）で中国車が競争力を高める中、日本の完成車メーカー各社は販売不振で工場の稼働率も低下して、中国事業の縮小を余儀なくされている。

現地中国企業に対して技術や品質では負けない自信がある一部の日系部品メーカーは中国完成車メーカーへの部品供給を増やして生き残りを図ろうとする。しかし結論を言うと、それはほとんど期待できない。なぜか。

中国完成車メーカーは中国当局から「主要部品は中国企業から買うように」と指示されているという。また技術を有している場合は仮に取引できたとしても、その技術が流出して終わりになりかねない。さらに撤退しようにも、生産設備を残したままでは技術流出が起こりかねない。従業員のリストラ費用も高額になる。まさに「進むも地獄。退くも地獄」の状況なのだ。

完成車メーカーも、中国進出時にサプライヤーを一緒に連れていく時には調子がいいことを言うが、いざ縮小モードになると、自社の生き残りで頭がいっぱいで、部品メーカーが犠牲にされかねない深刻な事態になっている。

完成車メーカーも部品メーカーの「虎の子の技術」を守りながら、その撤退戦略を真剣に考えるべきだろう。大企業の完成車メーカーにばかり目が行きがちだが、中堅中小の部品メーカーの縮小・撤退への支援は急務だ。

中国事業撤退の「技術流出リスク」

外資企業が中国事業から撤退・縮小を余儀なくされている理由は、中国経済の低迷だけではない。改正反スパイ法施行などのリスクの増大、さらには中国地場企業による安値攻勢など理由は複合的だ。

コンサルティング会社や弁護士事務所には、中国進出企業からの撤退についての相談が目に見えて増えている。中国ビジネスは進出よりも撤退が難しいのだが、企業は進出時には「撤退リスク」まで検討していないことが多い。

深刻なのが工場進出した製造業だ。とりわけ技術で強みを有して品質・性能では自信がある企業ほど技術流出が悩ましい。

撤退の方法にはいくつか選択肢がある。コンサルや弁護士事務所が勧めることが多いのが、第三者への（持ち分の）譲渡だろう。買い手が見つかるならば、撤退にかかるコストや時間、手間が相対的に少ないからだ。しかし、そこで見落としがちなのが、譲渡先への技術流出リスクだ。

また清算など会社を消滅させる場合もある。従業員のリストラに伴う多額の経済補償金の支払いについては、かねて指摘されている。しかしその際も見落としがちなのが、残された生産設備からの技術流出リスクだ。

そうしたことからも前述の複合機のケースは参考にすべきだろう。

欧州企業の苦い経験と教訓

中国市場の魅力はもちろん企業としては手放せない。しかしそれは不可欠な技術を守った上でのことだ。足元だけでなく、中長期に持続する形で中国市場を獲得すべきだ。「中国に対して脇が甘い」と見られていた欧州企業も、実は中国進出の際の技術レベルを見極めようとしている。

中国に進出する欧州企業がメンバーとなっている「在中国欧州連合（ＥＵ）商工会議所」は注目すべき対応をしている。中国が進める国産化政策について分析し、中国進出での苦い経験を踏まえて欧州企業に対して技術流出の警鐘を鳴らすリポートを公表している。

中国が欲しい技術を持っているかどうかで外国企業の扱いを変えることを、以下のように飛行機の座席に例えている。

「半導体など中国が欲しい技術を持つ外資企業は〝ビジネスクラス〟の扱いで良いサービスを受けている。自動車など先は長くないが、まだ比較的必要とされている企業はさしずめ〝エコノミークラス〟。そして中国企業が欲しい技術を入手した途端に外資企業は〝貨物室〟に送られ、中国市場という機内から追い出される」

日本も新幹線や高性能磁石で苦い経験をしているが、欧州も太陽光発電、風力発電で苦い経験をして、この教訓を学んでいるという。

さらに複合機のようなケースを念頭に、在中国EU商工会議所はこうも指摘している。

「中国は外国企業に対して中国での開発を求めてくるだろうが、中国で開発データを持てば、中国の法律で中国政府に開示しなければいけなくなる。今後何十年も稼ぐことが期待できる事業でそんな愚かなことをする企業はいない」

欧州企業の中国投資に関しては金額や件数の多寡だけで論じる人が多いが、どういう技術レベルを出しているか、慎重な対応の中身まで踏み込んで見るべきだろう。

こうした欧州の対中警戒感の高まりもあって、日米欧の間で認識が共有されるようになった。

主要7カ国（G7）でも中国による「あらゆる形態の強制的な技術移転」に対してG7が協力して対抗する姿勢を示した。欧米も技術流出の懸念を共有して、協力して対処することになったのは重要だ。

Ⅲ　多様な技術獲得の手段

技術入手狙いの買収も横行

中国の技術獲得のもう1つの手段は外国企業の買収だ。これについても警戒が必要になっている。中国は半導体など戦略産業ごとに企業買収のためのファンドをつくって買収プラットフォームを立ち上げている。ターゲットは大企業ではない。基幹部品、素材を供給する中堅・中小メーカーだ。分野ごとに詳細な候補企業のリストを作成している。

この関連でそうした企業リスト作りに日本の一部の大手商社が協力しているという愕然とさせられる実態も指摘されている。

例えば、高度な技術開発を行う医療機器ベンチャーはすでに数社買収されている。

日本の産業にとって不可欠な分野が狙われており、外為法の投資審査の対象となる指定業種の範囲を広げて、改善しようとしているが追いついていない。電子部品、半導体材料、半導体製造装置も要注意だ。

また基幹部品を供給する中堅中小企業の中には重要な技術を持ちながら、経営難に直面している企業もある。こうした企業は買収の標的になりかねない。そこでこうした中堅中小に対しては資本の強化を支援することも極めて重要だ。

中国のダミー企業？が関与する事例も

中国とつながりの深いと見られる日本企業が暗躍する事例も起きている。高い技術力を持つ日本企業の経営が苦しくなった時に出資をし、その会社の〝虎の子の技術〟を中国企業に供与させるなど、言ってみれば、裏で技術流出の糸を引いているのではないかと疑わざるを得ない事案も増えている。

もちろん中国企業との結びつきがあることがすべて問題だというわけではない。正常な取引も多くあることは論を待たない。ただし疑念を抱かせる要素がないか慎重に見極める必要があるようだ。

最近、一部メディアでも報じられている2つの事例を紹介しよう。1つは「全樹脂電池」、もう1つは「電解銅箔」の技術を有する各企業から技術流出する懸念だ。

まず「全樹脂電池」に関して見てみよう。

現在、スマートフォンやEVに使われているリチウムイオン電池は、その中の電解質に水溶液や有機溶媒を使い、漏れやすく発火しやすいので厳重な取り扱いが必要とされる。そこで取り扱いが容易な全固体電池の開発が進められているのだが、さらに全樹脂電池は、電解質に樹脂を使っているので発火リスクが限りなくゼロに近く、製造コストは全固体電池より低減できるので有望技術と見られている。

「電解銅箔」については通信用などの回路基板や、車載用のリチウムイオン電池の負極板にも用いられる。特に高周波の回路基板用の銅箔は日本企業が優位性を有する技術で、5G対応の機器やハイエンドのサーバー、ルーター等に加え、軍事用レーダーや衛星通信用の高周波回路にも用いられる。日本メーカー4社で、ハイエンドの回路基板用の電解銅箔の世界シェアは9割を占める。車載用の電解銅箔は最終的に日本の自動車メーカーに供給されている。

ちなみに、この電解銅箔の技術は、本章の最後に紹介する、技術流出を阻止するための新制度の対象となる10技術の1つになっている。それほど重要視されているのだ。

これらの重要技術を有する各企業それぞれ多少の違いはあるものの、財務状況が悪化して資金繰りにも苦慮する事態となったところ、大株主となった企業から中国企業を紹介されて技術の供与を要求されるという、おおよそ似たような事態を招いたようだ。

経産省も企業向けに「技術流出防止指針」を公表して、技術ライセンスや技術供与にまつわる、意図せざる技術流出に警鐘を鳴らしている。

サイバー攻撃による技術流出も

技術の獲得は合法的な手段だけとは限らない。場合によってはサイバー攻撃や産業スパイといった非合法手段も含まれる。日本の大手の素材メーカーや工作機械メーカーなどで深刻なサイバー攻撃が頻発している。しかも金銭目的ではなく技術が狙われていると思われる事案だ。

トヨタ自動車の取引会社で発生したサイバー攻撃については盛んに報道されたが、これはトヨタという名前のインパクトによるもので、被害の実態は軽微であった。この件に比べれば、もっと深刻な事案が他業界で多数起こっているのだ。メディアが注目すべきはむしろこちらの方だろう。

日本企業はサプライチェーンを含めて身構えるべきだろう。サプライチェーンの脆弱なポイント、例えば中堅・中小のサプライヤーや海外拠点での対応は不可欠だ。サイバー攻撃はいくら対策を講じても100％防ぐことは不可能だといわれる。大事なことは被害を最小限にする「ダメージ・コントロール」だ。不可欠な技術へのアクセスを厳格に管理することも重要だ。

人材を巡る技術流出

技術流出のリスクはこうした誘致や買収といった企業そのものを標的にするものだけで

はない。企業は「人による技術流出」にも備えが必要になっている。

産総研の技術漏洩事件は「氷山の一角」

国立研究開発法人・産業技術総合研究所（産総研）に所属する中国籍の研究員が自身の研究データを中国企業に漏らしたとして24年6月、不正競争防止法（不競法）違反の疑いで逮捕された。国の研究機関から中国への技術情報の漏洩を立件する異例のケースだ。経済安全保障が焦点になっている状況だけに注目された。

容疑者は絶縁ガスにも使われるフッ素化合物の合成技術に関する研究に携わっていた。18年にその研究データを中国企業にメールで送信した疑いだ。送信先の中国企業は化学製品の製造会社で、データを受け取って1週間後には中国で特許を申請しているという。

問題視されたのは、容疑者の中国政府との関係だ。

容疑者は中国政府が海外の高度な研究人材を招致する計画である「千人計画」にも選出されている。また中国軍とつながりが深いとされる「国防7校」の1つである北京理工大学の教職に就いていたこともあるという。国防7校は中国人民解放軍と軍事技術開発で提携して、先端兵器の開発に貢献している。

こうしたバックグラウンドを持つ人物が国の研究機関に長年在籍し、特定分野の主要ポジションに就いていて、研究成果を流出させた疑いがある事案だ。


この事案は最近の中国の動きが背景として密接に絡んでいる。

米国が中国の「千人計画」を技術窃取プログラムだと批判し、中国政府から資金提供された者を産業スパイ容疑で起訴される事案が報じられるようになったのは19年ごろからだ。また、国防7校の問題が意識され出したのは、軍民融合を掲げる習政権になってからで、米政府が原則不許可にするエンティティー・リストに北京理工大学を加えたのが20年だ。


この容疑者が採用された02年当時は全く問題にされていなかったのも事実だ。企業もこうした最近の中国の動きにアンテナを高くして対応すべきであることを示している。

このような事案は恐らく「氷山の一角」だろう。今回の事件を「他山の石」として他の研究機関、大学も自らの組織の実態を厳しく検証すべきだ。

こうした組織で事件になっていないからといって問題がないわけではない。むしろ逆で、危機感が欠如していて違反行為の端緒をつかめていないのが実態ではないかと懸念される。今回、産総研では違反行為の端緒をつかみ、証拠を押さえられたからこそ立件されたのだ。

勤務時間外の就業や海外渡航の状況などもどこまで把握できているか、本人申告だけかどうかなど検証すべきだろう。

産総研のようにデータにパスワードを設けたりアクセスを制限したりして秘密としてきちっと厳格に管理されていてこそ摘発できる。それさえ怠っていれば論外だ。

大学・研究機関が自らの技術漏洩に危機感を持つことが大前提となる。

転職・採用でも要警戒

重要な製造プロセスのノウハウを持ったエンジニアなど従業員の流出リスクも警戒すべき動きだ。最近では、日本国内に研究所目的で拠点を設置し、そこにエンジニアを積極的に採用している。その際、日本のメーカーでの勤務経験を条件にするものまである。転職サイトもはやっている。人材を募集する企業の中には一見日本企業に見えて実態はそうでないケースもあるという。

逆のケースもある。ＩＴ技術者が不足している中で、企業が採用プラットフォームのサイトを通じて人材募集をしている。応募するＩＴ技術者の中には、懸念国の技術者が日本人になりすますケースもあるという。いずれもサイト運営者には何らかのチェックをするなどの対応が求められよう。

Ⅳ　技術流出への対応策

必要なのは経営者による「技術の仕分け」

こうしたリスクと隣り合わせの中国にどう向き合うのかが日本企業の最大のテーマだろう。

そうした時によく使われるのが「したたかに対応すべきだ」とのコメントだ。こうした言葉だけで分かった気になってはいけない。問題は何をもって「したたか」とするかだ。「欧米企業は口では厳しいことを言いながら、ビジネスはどんどんやっている」

こう語る論者もいる。しかし「欧米企業の中国進出に出遅れている日本企業」というプロパガンダは要注意だ。むしろ中国市場にどういう技術で進出しているか、その中身を見るべきだ。欧米企業が最先端の技術まで中国に出しているかどうかをよく見て判断すべきだろう。

企業としてはサプライチェーンにおける「技術の不可欠性」を分析して、「出してもいい技術」と「そうでない技術」を仕分けすることが必須だ。その上で中国市場を積極的に取っていく。重要なのは経営者自身による技術の「仕分け」だ。

どこまでの技術をもって中国投資をするのか。中国に「輸出する」のと「進出する」のとでは、技術流出のリスクには雲泥の差がある。仮に中国に進出するにしても、どの技術レベルにとどめるかを慎重に見極めるべきだ。中国市場の獲得はもちろん企業として重要だが、それは短期的ではなく、中長期的に持続可能でなければならない。

企業が守るべき「不可欠な技術」は必ずしも外為法で規制されるような軍事関連の先端技術とは限らない。外為法の規制外でも経営上、死守しなければならない「不可欠な技術」もある。

現地の日本企業には、中国から「騒げば中国でのビジネスチャンスを失う」との圧力がかかったり、「中国政府ににらまれる」との懸念から、ことを荒立てたくないとの気持ちが働くようだ。また中には「中国を刺激しないように水面下で調整した方が得策だ」と一見もっともらしい意見も出てくる。

しかしこれらは相手の思うつぼだ。それでうまく乗り切ったためしがない。むしろ問題を顕在化させることが抑止につながる。米国、欧州などとも連携をとることも大事だ。

技術流出阻止に政府も新手法を導入

私はこれまで電子部品や半導体材料など日本が優位性を持つ「不可欠な技術」の流出に再三警鐘を鳴らしてきた。問題はこうした「不可欠な技術」に外為法の規制が及ばず、流出の懸念が拭えないことだ。企業も外為法の規制がないことを理由に脇が甘くなりがちだ。企業任せにせず、政府による制度整備を早急に進める必要がある。

24年12月、政府もこうした技術流出を阻止しようと、やっと新たな取り組みに動きだした。

経済産業省は安全保障上の観点から管理を強化すべき重要技術として積層セラミックコンデンサー（ＭＬＣＣ）、電子顕微鏡などの電子部品や半導体材料など10分野の技術をリストアップした。これらの多くは私がこれまで技術流出の懸念を指摘してきたものだ。そしてこれらの技術の移転に際して、経産省に事前報告し、技術管理についての官民対話を行うというものだ。

こうして国が乗り出したのは企業だけでは技術管理の取り組みに限界があるからだ。どういう限界か。

まずそうした産業では日本企業同士が競い合っており、いくら自社でしっかり技術を管理していても同業他社のどこかが技術流出させてしまえばどうしようもない。そこで企業同士の情報交換が大事になるが、それには独占禁止法の制約がある。そこに官民対話の形で官が関与することで対策が可能となる。

また企業には判断材料の情報が決定的に不足している。例えば、中国が重要産業の国産化・自前化のためにどのような技術を入手しようとしているか、取引先に関する懸念情報、他社における技術流出の苦い経験、同様のケースにおける過去の対策事例などだ。そうした情報を経産省が積極的に提供し、助言することは有効だ。

企業はそれを受けて、具体的な技術管理を検討して実施する。例えば、この技術は守るべきだとする「コア技術」を特定し、流出しないよう管理を徹底する。技術提供する場合もその取引条件で果たして大丈夫かどうか慎重に検討する。まずは企業自身が技術管理を徹底するのが基本で、それでも懸念が払拭されない場合に限って、輸出許可を求める。

こうした新たな制度は、必ずしも十分理解されておらず産業界への浸透が急がれる。

現在のところ、対象とする技術はとりあえず10分野の技術だけだ。しかし他国（とりわけ中国）が獲得に関心を持ち、日本企業が技術優位性を持つなど流出のリスクが高く、守るべき重要技術はこれに限らない。今後追加していくのだろうが、手遅れになっては元も子もない。早急に追加していくべきだ。

この新制度のカギは官民協業、官民対話だ。しかしそこに難しさもある。官民双方がこれまでの規制の時代の意識から脱却できるかどうかだ。

経済安全保障は国だけではなく企業自身の問題でもある。企業は単に「規制される側」との発想を脱して、国とともに「経済安保を担う主体」であるとの自覚が欲しい。また官民対話といっても国も企業と突っ込んだ対話能力が問われる。「役所に相談に行っても、ろくなことがない」というのがこれまでの企業の正直な感覚だろう。今後両者の間で信頼関係が築けるかどうかだ。

官民ともに意識が変わることで初めてこの新制度も生きてくる。

■新制度の仕組み

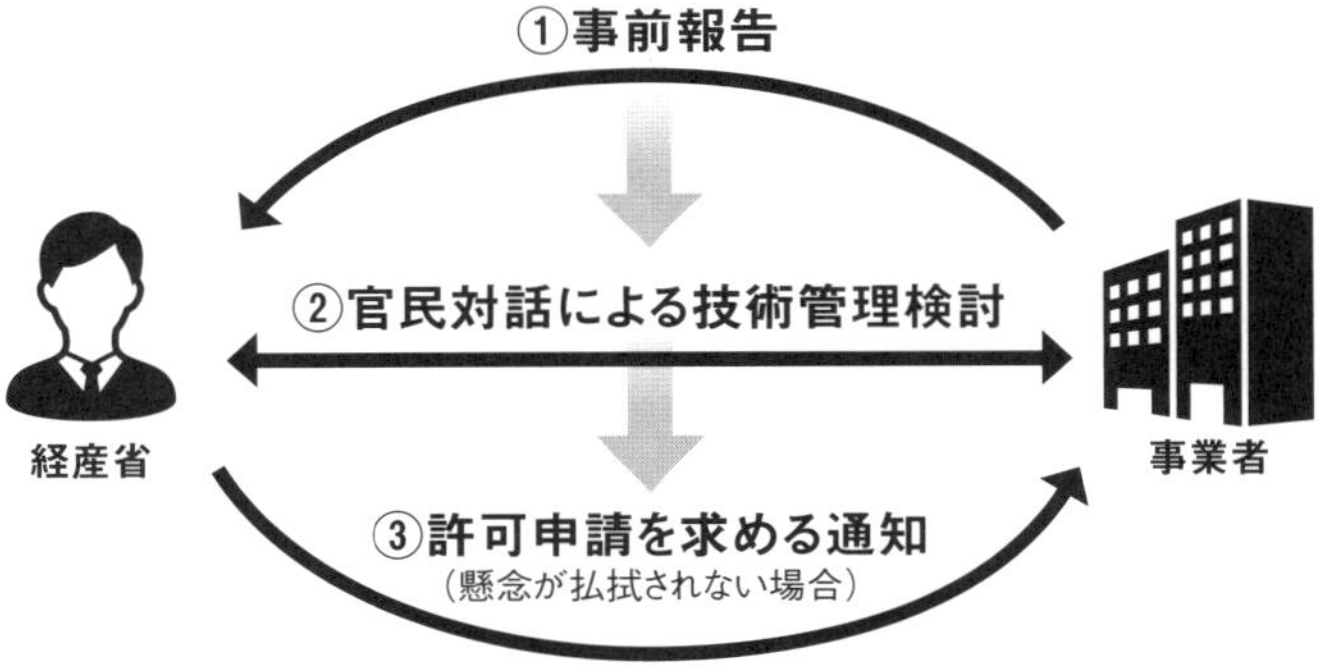

■対象技術

分野	対象技術（以下の設計・製造技術）
半導体関連	①フォトレジスト
	②非鉄金属ターゲット材
電子部品関連	③積層セラミックコンデンサー（MLCC）
	④SAWおよびBAWフィルタ
	⑤電解銅箔
	⑥誘電体フィルム
	⑦チタン酸バリウム粉体
繊維関連	⑧炭素繊維
	⑨炭化ケイ素繊維
電子顕微鏡関連	⑩走査型電子顕微鏡（SEM）および透過電子顕微鏡（TEM）

出所：経済産業省の資料を基に著者作成

Column

韓国、台湾も技術流出対策の法規制

こうした戦略産業での技術流出の脅威に直面しているのは日本企業だけではない。韓国、台湾にとっても深刻な問題になっており、警戒感を強めて対処している。

韓国は2022年8月、国家先端戦略産業法を施行して半導体、ディスプレー、電池、バイオの4分野17先端技術について輸出承認を必要とした。企業がエンジニアの転職制限をすることが可能となる条項も盛り込まれている。

台湾も先端技術の流出阻止を目的として国家安全法を改正し、23年12月「国家核心技術」の第1弾として先端半導体をはじめ5分野22項目を指定している。今後さらに追加されるとしている。

また、政府からの資金援助を受けた重要技術に関わる人物が中国に渡航する際には許可が必要となる。

第4章

新展開を見せる米中の半導体・データ戦争

半導体が米中テクノ冷戦の主戦場になった。米ソ冷戦期の「鉄のカーテン」になぞらえて、米中間の「シリコン・カーテン」ともいわれている。半導体は軍事産業を支える「基盤技術」の代表格と見なされている。好むと好まざるとにかかわらず、こうした状況に直面して、日本の政策も日本企業の経営も安全保障を踏まえた判断を迫られている。

本章は、次第にエスカレートする半導体を巡る米中対立の潮流を解説する（Ⅰ）とともに、半導体競争の大きな転換点となった「ファーウェイ問題」を振り返る（Ⅱ）。さらに、半導体を巡る覇権のために、米中日欧の産業政策が大競争時代を迎えていること（Ⅲ）、今後はデータ漏洩やサイバー攻撃などへの防御もまた、経済安保の重要分野となっていくこと（Ⅳ）を見ていく。

Ⅰ 米中テクノ冷戦の主戦場・半導体 ～シリコン・カーテン～

米中での半導体を巡る戦いを簡単に振り返ろう。

戦いの火ぶたが切られたのが第1期トランプ政権だ。第1章で紹介したように、トランプ大統領による関税合戦での取引は表層的なものだった。議会を中心とするオール・ワシントンによる深層部分でのテクノ冷戦（技術覇権争い）はますます激しくなった。その重要なターゲットが半導体分野であった。米国の国防権限法においても安全保障上、中核的な産業分野として半導体産業が特記された。

そしてその戦いの象徴が「中国通信機器大手、華為技術（ファーウェイ）への禁輸」だった。

一方、中国は半導体産業の国産化にまい進、育成している。

2018年、中国通信機器大手の中興通訊（ZTE）やファーウェイが米国の制裁発動によって、米国企業のインテルとクアルコムなどから半導体の供給を受けられなくなり、主力事業の停止に追い込まれ悲鳴を上げた。この苦い経験から、中国は半導体の内製化に一層アクセルを踏んだ。

「中国製造2025」を掲げて、14年からの第1期には2兆円の基金で半導体チップに投資していたが、さらに19年10月に発表した第2期計画では3・2兆円の基金で半導体製造装置にも投資した。さらに24年からの第3期は4兆円（関連基金も含めれば7兆円ともいわれている）の巨額資金で半導体材料と製造装置を中心に投資する計画だ。資金力を武器に技術と人材の取り込みを加速している。

今後も中長期で米中対立が続くことを前提に、中国は米国依存を脱却するために自前生産に躍起となっている。


米国はバイデン政権になって議会の圧力を受けながら次第に対中規制を強化し、規制の〝抜け穴〟をふさいでいった。今日までそうした流れが続いているのだ。半導体を巡る米中対立を見る上で、こうした時間軸を持った理解は欠かせない。

バイデン政権下で対中半導体規制を強化

それではバイデン政権下での対中規制の強化の動きをもう少し突っ込んで見てみよう。トランプ政権になっても、こうした議会による動きは続くと見られるからだ。

バイデン政権は中国との対話を模索したが、対中強硬一色の議会は厳しい半導体規制を求めて政権に圧力をかけ続けていた。警戒するのは半導体製造に関する技術流出だ。22年10月に打ち出した先端半導体の対中輸出規制も、中間選挙を控えて議会の強い圧力にバイデン政権が従ったものだ。その後、さらに議会の圧力を受けて2次、3次と強化されてきた。バイデン政権にとり、対中半導体規制を緩める自由度は国内政治的にはない状況だった。

こうした議会の圧力を受けたバイデン政権による一連の対中半導体規制の動き、そしてそれに日本、オランダがどう同調していったかを以下では浮き彫りにしよう。

対中半導体規制を巡る裏事情

22年10月にバイデン政権（当時）は中国への先端半導体輸出規制を打ち出した。そして日本、オランダが米国に同調して規制を打ち出した裏事情はこうだ。

バイデン政権は国内向けに「日本、オランダに同調を求めている」としきりにアピールした。その結果、メディアの見方は「米国の規制に追随させられる日本、オランダ」という単純な図式が定着してしまった。

しかし実は先端半導体の対中輸出規制を日米欧で連携しようと、2年近く前から水面下で話し合いをしてきていたのだ。しかしバイデン政権の調整力不足もあってか、なかなかまとまらない。しびれを切らした対中強硬一色の米議会が、22年11月の中間選挙を控えて圧力をかけ、バイデン政権は仕方なしに米国だけ〝先走って〟規制を打ち出したというお粗末な実態が真相のようだ。

裏事情の解説はそれぐらいにして、規制の中身に話を移そう。

中国を念頭に新規制のせめぎ合い

実はこの規制は従来の規制とは次元が異なる内容なのだ。どういうことか。

トランプ政権では中国通信機器最大手のファーウェイなど「特定の中国企業」を標的にしていた。しかし今回の措置は「中国全体」を対象にしている。

そして従来の輸出管理は軍事用途か民生用途かを峻別《しゅんべつ》していたが、「軍民融合」を掲げている習近平政権には峻別することは意味がない。軍事用途であれ、民生用途であれ、軍事技術に直結する人工知能（ＡＩ）やスーパーコンピューターにつながる先端半導体全体に焦点を当てている。

それでは日米蘭で何を協議しているのか。

関係者は明らかにしていないが、中国に対して先端半導体の製造を阻止するためには、多岐にわたる工程のどこがチョークポイント（急所）かを見定めて、どういう装置のどの技術水準で線引きして規制するかが重要なポイントになる。規制の内容次第で自国産業の競争力を大きく左右することから各国の攻防、駆け引きは、熾烈《しれつ》を極める。

今回焦点になっている製造装置メーカーは、オランダのASML、日本の東京エレクトロン、ニコンと報じられている。米国の製造装置メーカーである世界首位のアプライド・マテリアルズやラム・リサーチなどが米国の規制を受け入れる条件として「日欧の競合企業にも規制を」と求めていたのだ。

議会の圧力を受けて動くバイデン政権

バイデン政権は表面的には米中間での対話を模索していた。〝米中関係を管理〟するために、少なくとも経済分野だけでも対話を維持したいとの思惑だった。

しかし、中国は米国による対中半導体輸出規制の解除を重視しているが、バイデン政権はこれに応じることはなかった。むしろ米議会との関係で応じられなかった。他方で、バイデン政権は規制に反発する米国産業界を説得しなければならない。間に挟まって四苦八苦した。

先端半導体の製造技術への規制は、中国メモリー半導体大手の長江存儲科技（ＹＭＴＣ）や半導体の受託製造（ファウンドリー）の中芯国際集成電路製造（ＳＭＩＣ）の工場稼働に大きな打撃を与えるものだった。最新の製造ラインの円滑な稼働には米国の技術者のノウハウは不可欠で、これも阻止されることは痛手だ。

中国での先端半導体の生産は当面、望めないというのが大方の見方だった。日進月歩で技術進展する半導体分野で、規制による時間差は決定的な意味を持つ。

〝対中包囲網〟と見られないよう、腐心する日本

23年3月、日本は先端半導体の製造装置など23品目を輸出管理の対象に追加すると発表して7月から実施した。米国に歩調を合わせたものだ。

政府は発表で2つのポイントを伝えようとした。

第1は、対中規制ではない。第2は、米国の追随ではない。

産業界に衝撃が走ったこの〝日米蘭合意〟による対中半導体規制について、私はこう指摘した。

「日本政府は中国の対抗措置を招くリスクを避けたい。対中色を出さずに『抑制的』に済ませたいので『中国だけを対象とするものではない』とするだろう」

日本政府の対応は予想通りのものだった。中国は米国による対中半導体規制に強く反発しており、日蘭に対して追随することを牽制《けんせい》していた。場合によっては対抗措置もあり得るとの構えだったのだ。中国を不必要に刺激しないよう「名指しを避けた」理由はそこにあった。

対中ビジネスへの影響は限定的

さて日本企業にとって重要なのは、こうした措置の影響がどの程度あるかだ。

「半導体装置の輸出、対中4割」「半導体産業、対中分断進む」

メディアは影響を大きく見せる傾向があるので、こうした見出しには注意が必要だ。確かに中国は日本の半導体装置の輸出先の4割を占める市場であるが、影響を受けるのはその一部だ。政府は「影響は限定的」と強調している。なぜか。

中国向けのシェアが高いといっても、中国への輸出のほとんどは今回の措置の対象外となる汎用のレガシー半導体用であって、先端半導体用ではない。現在、中国が半導体の大規模投資をしているのはまさにこのレガシー半導体だからだ。メディアが報じる数字に果たしてどれだけの意味があるのか甚だ疑問だ。


むしろ規制対象外の汎用のレガシー半導体は車載用、家電用などボリュームゾーンで、半導体の約8割を占める大市場は先端半導体の規制の対象外だ。

逆に、規制対象外になっていることに懸念が生じている。大規模投資によってあえて過剰生産にもっていき、海外の競合を価格競争で駆逐するのが中国の常套《じょうとう》戦略であることは第3章で説明したとおりだ。そうした中で、日本の装置、材料のサプライヤーもビジネスを拡大しているのだ。その結果、将来、過剰生産を招く懸念が出てきているほどだ。

米国は第2弾の規制強化、中国の〝対米揺さぶり〟

バイデン政権は議会の圧力もあってさらに第2弾の規制強化に追い込まれた。米国半導体業界の抵抗はあったものの、バイデン政権は議会との関係で規制強化は不可避であった。

中国も米国を〝揺さぶる〟ために対抗策を繰り出した。23年5月に米半導体大手マイクロン・テクノロジーの半導体を重要インフラで調達することを禁止すると発表した。同年8月からは半導体素材のガリウムやゲルマニウムを輸出許可の対象として、不透明な運用で対中規制を牽制していることは第2章で指摘した。

中国の魏建国・元商務次官は、中国メディアのインタビューでこう発言した。

「これは反撃の始まりに過ぎない」

「中国へのハイテク規制をエスカレートさせ続けるなら、中国側の対抗措置もさらに強まるだろう」

米国は対中半導体規制の第3弾

さらにバイデン政権は24年12月、中国への半導体の輸出規制の第3弾を発表した。

この規制に関連して米中のせめぎ合いや日本、オランダなどの関係国との駆け引きなど、これまでのリーク報道から垣間見ることができる。

これまで同様、バイデン政権は米議会の圧力を受けて強化したものだ。今回の措置には米国の安全保障に影響する中国の人工知能（ＡＩ）の能力向上を阻止する狙いがある。ポイントのうち次の２点を取り上げよう。

①生成ＡＩに不可欠な半導体である高性能メモリー「広帯域メモリー（ＨＢＭ）」を規制対象にし、輸出不許可を前提として、中国への供給を遮断しようとする。

②先端半導体の製造装置の規制も追加する。

企業にとって死活問題は米再輸出規制

まず①については韓国の半導体メーカーが大きく影響を受ける。この点については第６章の韓国において説明しよう。

注目すべきは②だ。ちょっと専門的になるが、企業に影響が大きいのでお許しいただきたい。

米国では第三国からの対中輸出であっても米国の技術が一部でも使われていれば米政府の許可が必要となるという**「直接製品規制（FDPR）」**というルールがある。米国が米国以外の国からの輸出も規制するために編み出したルールだ。これが悪名高い「域外適用」というものだ。日欧の企業にとっては自社製品がこれに該当するかどうかをチェックするのも極めて難しく、大きな負担になっている。これが日本企業の悩みの種だった。

ところが日本とオランダの装置企業は免除された。これらの国は独自に米国と同等の輸出規制を実施するというのが理由だ。これは日本企業にとって朗報だった。

ロイター電はこう伝えている。

「オランダと日本は今回の制裁と関連して米国と長い間緊密に協議してきた。米国の期待水準に見合う措置を独自に準備した点を認められ例外が適用された」

つまり「米国の期待水準に見合う措置」をオランダと日本は実施するとしたことが明らかになった。それが果たしてどういうものか、政府は明らかにしていない。

日本は米中の狭間で「前門の虎、後門の狼」

こうした背景には米国の議会や産業界から、日本とオランダも米国の規制に歩調を合わせることを求める声があったからだ。こうした声を受けてブルームバーグ通信など米紙によるリーク報道も相次いだ。

24年7月、米政府は日本やオランダ等同盟国が同調しない場合、米国の直接製品規制を同盟国に適用すると警告した、との報道がなされた。

そして10月、米下院中国特別委員会の超党派が駐米日本大使に宛てた書簡で日本に対して懸念を伝え、日本が行動しない場合、米国は日本企業に直接製品規制の適用等をするとの警告をした、と報じられた。

こうした一連の米国によるリーク報道からは日本、オランダ両国政府が米国と水面下で厳しい交渉をしていたことが読み取れる。両国政府はもちろんノーコメントを貫いていた。

一方、中国がこうした動きを牽制する報道も見られた。第2章で紹介した9月2日米ブルームバーグの報道だ。これは日本が米国による半導体規制に同調することを阻止しようとするものと見られている。

一連のリーク報道からは、まさに米中という「前門の虎、後門の狼《おおかみ》」の狭間にある日本の厳しい立ち位置が読み取れる。こうした構図はこれからも続く。米中対立の激化とともに日本の置かれた厳しさは増していく覚悟が必要だろう。

中国はあの手この手の対抗策を繰り出す

このような規制強化の動きが報じられる中、中国は調達を急いでいる。日本の業界団体が24年9月にした発表によると、世界の中国向け半導体製造装置の販売額は前年同期（1－8月期）比で約1・8倍となり、世界市場全体に占める中国市場の割合は前年同期の25％から46％に上昇し、過去最大となった。その後も中国による調達の勢いが続いている。

さらに中国はあの手この手の牽制球を投げている。

中国は24年12月、半導体材料に使うガリウムやゲルマニウム、そしてレアメタル（希少金属）の一種であるアンチモニーなど重要鉱物の米国向け輸出を禁止すると発表した。米国への対抗措置と見られる。

また同日、中国のインターネット、自動車などの業界団体は米国の半導体輸出規制を批判する声明文を発表した。「米国企業の半導体が安全ではなく信頼できない」として、米国の半導体の調達を控えるよう傘下の企業に呼びかけた。

米政権に圧力をかける狙いと見られていたが、実はこれも目新しいことではない。以前から中国共産党中央から国産半導体を使うよう水面下で指示されている実態がすでにある。

ここまで見てきたバイデン政権による一連の対中半導体規制は米議会の対中強硬一色の圧力が背景にある。それだけにトランプ政権になっても続くと見てよい。中国による日本への揺さぶりも当然あるだろう。日本はそれにどう対処するか産業界も含めて難しい局面を迎えている。

中国製生成AI「ディープシーク」の衝撃

さらにこうした米国による対中半導体規制をせせら笑うかのような衝撃的な出来事が起こった。中国新興企業「ディープシーク」による中国製高性能の生成ＡＩが公開され、世界に衝撃を与えたのだ。25年1月20日トランプ大統領就任式の日に公開されたことから、米国を揺さぶる意図は明らかだった。

開発費は米国製の約10分の1であるにもかかわらず、性能は米国のオープンＡＩが開発した「チャットＧＰＴ」に匹敵するとしている。しかも無料での公開だ。

衝撃は使用している半導体だ。米国のエヌビディア製の格落ちの半導体を使っている。

これに対して欧米諸国では懸念も広がっている。

利用者の情報は中国国内のサーバーで保存されることから、中国当局へのデータ流出リスクがあるからだ。米国メディアでも各国政府と取引がある世界の企業など数百社がディープシークの生成ＡＩの使用を制限したと報じている。

生成ＡＩは事実に基づかない誤った情報をもっともらしく生成することがあり、情報操作や世論工作に使われるといったリスクがある。例えば、「ディープシーク」で尖閣諸島を検索すると、中国領と返答してくるとして、国会でも取り上げられた。

安全保障上の影響について、米国家安全保障会議（ＮＳＣ）が調査しているが、今後、米国政府、議会においても排除する動きが加速することが予想される。

ＡＩ覇権を狙う「米中ＡＩ戦争」はますます熾烈になっている。

中国は17年、「次世代ＡＩ発展計画」を発表して、30年までに世界を牽引《けんいん》できる水準に達するとしている。ＡＩの軍事利用も着々と進めている。また生成ＡＩの特許出願でも質はともかくとして数では圧倒している。

米中半導体戦争の焦点は、今やＡＩになっている。「ディープシーク」ショックは、こうした米中ＡＩ戦争の行方を大きく左右する出来事だろう。

Ⅱ　半導体戦争はファーウェイ禁輸から始まった

それでは時計の針を戻して、第1期トランプ政権で米中の半導体戦争が本格化した端緒である「ファーウェイ問題」に遡ろう。第2期トランプ政権でどういう展開になるかを予想して、今後、日本企業が備える上で参考になるだからだ。

米国によって〝ロックオン〟されたファーウェイ

中国の通信機器メーカー、ファーウェイを巡る問題はオバマ政権末期からの根深い問題であった。12年に米議会・特別委員会の調査報告書が出され、安全保障上の懸念が指摘された。

ファーウェイ警戒の理由は何か。

米国が警戒感をあらわにしたのは、ファーウェイも共産党政権の統治の〝くびき〟から逃れられないという事実が明らかになってからだ。いくらファーウェイのCEO（最高経営責任者）が「顧客の利益を損なうような情報提供は行わない」と公言しても、あらゆる組織、個人は国家からの要請で情報を提供する義務が規定されている中国の国家情報法に反することはできない。これが米国の懸念の背景にあった。

習近平政権にとって、ハイテク産業の軍民融合を目指す国家戦略「中国製造2025」は共産党政権を支える生命線で、ファーウェイはその象徴的存在になっている、と米国は見ていた。そしてその技術は不正な手段で入手したものだとして、長年捜査機関によって追跡されてきた。

つまり、すでに米国によって、ファーウェイは〝ロックオン〟されていたのだ。

こうした背景の下に、第1期トランプ政権の政策は急展開していった。

第1弾は18年8月の国防権限法2019で、ファーウェイの製品を米国行政機関から締め出した。いわば**「買わない」「使わない」**だ。そして同盟国にも同調を求めた。

第2弾は19年5月からは、ファーウェイ製品の締め出しにとどまらず、そのサプライチェーン（部品供給網）の途絶を狙った。**「売らない」「作らせない」**の段階だ。

具体的には、輸出管理の「懸念顧客リスト」（いわゆるブラックリスト）の対象にした。その結果、ファーウェイに対して、米国は原則輸出不許可という運用になった。

再輸出規制に振り回される日本企業

ファーウェイは日本の部材メーカーにとっても重要顧客であるだけに難しい対応を迫られた。少なくとも「『漁夫の利』を得ようとした」と米国から見られることのないよう、慎重さが必要になった。

その際、日本企業を悩ませたのが、米国の「再輸出規制」であった。米国は中国の通信機器大手、ファーウェイ）への制裁に抜け穴がないようにするため、友好国であっても再輸出規制をかけた。ファーウェイ。日本で生産されたものの中に米国の部品、技術などが使われている割合が25％以上含まれていると、米国の規制対象になって米国の許可が必要になる。しかも運用は原則不許可だ。不注意で米国の規制違反になってはいけないので、日本企業にとって要注意だった。

ファーウェイ向けに様々な部材が出荷されていたが、原則不許可であっても米国政府に許可申請してみなければ分からない。予見可能性がないのは、ビジネスにとって深刻な問題だった。

日本企業にも影響、禁輸措置の〝抜け穴ふさぎ〟

さらに米国は韓国のサムスン電子や台湾の台湾積体電路製造（ＴＳＭＣ）など半導体メーカーから半導体が輸出され続けていることを問題視した。再輸出規制の「25％ルール」が〝抜け穴〟になっていると見られていた。

そこで20年5月、米国は25％以下であっても、米国製の製造装置やソフトウエアを使って作られたものであれば米国政府の許可が必要で、原則許可されず、事実上輸出できなくなるという規制（直接製品ルール）をファーウェイ向けの輸出製品に適用した。これが今日の米国による対中半導体輸出規制にまで及んでいる厄介なルールだ。

サムスン電子やＴＳＭＣは米国企業の製造装置やソフトウエアを使って半導体を製造し、ファーウェイに輸出していた。これが事実上ストップしたことは、スマートフォンや通信基地局を生産するファーウェイには大打撃だった。日本企業にとっても他人事ではなかった。ファーウェイに半導体や電子部材を供給している日本企業は20社にも及んでいた。

日本企業に「安全保障リスク」を突き付けたファーウェイ問題

日本の半導体装置メーカーも中国リスクを抱えることとなった。半導体分野については中国がサプライチェーン全体を海外に依存しない体制を必死に作ろうとしている。そうした中で、日本の半導体製造装置のメーカーが中国市場に依存している状況が鮮明になった。

しかし米国は中国による半導体製造に、ことのほか神経をとがらせている。日本企業による中国の半導体製造への協力も技術レベル次第では「利敵行為」と見なしてストップをかける可能性も否定できない。こうした〝安全保障リスク〟も「中国リスク」として認識しておかなければならなくなった。

それを日本企業に突き付けたのがファーウェイ問題だった。

分野によっては経済的利益よりも安全保障が優先されるステージに入ってきた。経営者は安全保障による経済的コストの負担もあり得るとの覚悟が必要だ。しかしファーウェイは日本の部材メーカーにとっても重要顧客であるだけに対応が難しい。顧客、市場を失いたくはないが、どこまでの付き合いが許されるか不透明だ。

自分で判断して線引きしなければいけないという、日本企業の不得意な世界に突入した。いわば〝踏み絵〟を踏まされる。担当者任せにはできない経営判断で、日本企業の経営者にとって、「リスクマネジメント」がキーワードになった。

Ⅲ 半導体を巡る「産業政策の大競争時代」に突入

米中の半導体戦争はこうした輸出規制を中心とした戦いとともに、自国の半導体産業の競争力を高める戦いと両面相まって展開している。いわば半導体を巡る産業政策の大競争に突入しているのだ。そうした中で、日本はどう対処すべきか。

熾烈さ増す、半導体産業の「囲い込み」

経済安保の目玉政策は戦略物資の国内生産基盤の強化だ。半導体、電池、医薬品などだ。

これらは米バイデン政権もサプライチェーンの強靱《きょうじん》化を目指す最重要分野として取り上げた。対する中国も国産化、自給率の引き上げの国家目標に躍起になっている。

米中対立の中で、両国はそれぞれ5兆円を超える支援策を通じてなりふりかまわない半導体産業の囲い込みに動いている。

米国では半導体受託製造の世界最大手、TSMCがアリゾナ州に新工場（回路線幅5ナノメートル＝ナノは1メートルの10億分の1）を建設するのに続き、米インテルも同州での工場を建設する。さらに韓国のサムスン電子がテキサス州に最先端（回路線幅3ナノとなる見込み）の半導体工場を建設する。これで大手3社のそろい踏みだ。いずれも米国政府による巨額の補助金期待と、米アップルをはじめとする米IT企業という顧客の磁力がその背景にある。ただし、トランプ政権になって、この「産業囲い込み」の手法が見直される可能性も出てきたことは第1章で紹介した。

欧州でも米中の動きを横目に、他国に半導体を依存する状況への危機感が急激に高まった。「新・欧州半導体法」の制定を宣言し、欧州内での先端半導体のエコシステムを構築するとして、「産業囲い込み」に参戦している。

中国の対抗策は「汎用半導体でシェア80％」

一方、中国は対米戦略から自らのアキレス腱《けん》である半導体の自給率を急速に引き上げようと躍起になっている。中国では半導体産業への大胆な政策的支援もあって投資が急拡大しており、日本企業による製造装置、素材の供給は輸出、現地投資とともに活況を呈している。

先端半導体ばかりに耳目が集まるが、警戒すべきはパワー半導体など汎用の半導体だ。以前から中国による投資急増に私は警鐘を鳴らしてきたが、その懸念はますます深まっている。

訪中の短期ビザの緩和については日本は手放しで喜んでいてはいけない。とりわけ日本、韓国については中国の狙いの1つが半導体のエンジニアだといわれている。これは要注意だ。

汎用のレガシー半導体で中国の積極的な投資が続いている。とりわけ省電力に不可欠なパワー半導体、中でも炭化ケイ素（ＳｉＣ）を用いたパワー半導体の日本の製造設備に旺盛な注文が出ている。ＳｉＣパワー半導体は電気自動車の航続距離の向上や充電時間の短縮などで今後成長が見込まれる分野だ。中国はこの市場支配をもくろんでいると見られている。

中国は競争力を高めるためには歩留まりの向上が不可欠で、そのために日本企業の様々な装置を必要としている。大規模投資で市場を席巻すべく、そうした装置について旺盛な発注をしているのだ。

装置の据え付けや保守などの対応のためにはメーカーのエンジニアが必要だ。一部の大手メーカーでは対応の現地化が進んでいるが、そうではないメーカーも多い。そうした日本企業のエンジニアが据え付けや保守のために中国との間を行き来するためには短期の訪中ビザ（査証）が必要になる。ビザについては5章で触れる。

国を挙げて大規模投資をして生産能力を上げ、補助金を武器に意図的に過剰生産に持ち込み、海外に安値で売り込む。その結果、他国の半導体産業は壊滅的な影響を受ける。こうして中国に依存させる戦略であることは第3章で指摘したところだ。中国・共産党が「80％のシェアを取れ」「中国自動車メーカーは中国半導体を使え」と口頭で指示をしているとの情報もある。

さらに自動車の基幹部品として重要なパワー半導体やマイコンについて、「国家標準」において設計・開発から中国で行うことを要求する動きもある。複合機において「国家標準」によって技術を入手しようとする問題を指摘したが、半導体でも同様の手法を導入しようとしているのだ。この要求に対応しないと中国の自動車メーカーに購入されなくなるとして追い込んでいく。これでは肝となる製造のノウハウが流出する恐れがある。日本企業は警戒しなければならない。

日本もTSMC誘致で参戦

こうした米中が半導体産業の囲い込みに躍起となる中で、日本も手をこまねいているわけにはいかない。以下では、台湾の半導体メーカーTSMCの誘致と新会社ラピダスの設立に簡単に触れよう。

まずTSMCの熊本への工場誘致だが、これもこうしたグローバルな産業の地殻変動の文脈で見ることができる。今やロジック半導体では、TSMCは他を寄せ付けない最先端の技術で圧倒的なシェアを誇っている。世界はTSMCの製造ラインが欲しくて激しい争奪戦を繰り広げている。

実は日本政府が水面下で2年越しで仕掛けてきたプロジェクトであり、それが結実したものだ。

十把ひとからげに半導体といっても、分野別に半導体の種類が違い、各国の強み・弱みがあり、戦略も違ってくる。人体で例えると、頭脳に当たる制御用のロジック半導体、データ記憶用のメモリー半導体、目鼻に相当するセンサー半導体、筋肉に相当する電力制御用のパワー半導体などだ。日本の半導体産業は衰退しているといっても、メモリー、センサー、パワーなどでは世界で戦えるプレーヤーは残っている。

また半導体産業は設計、製造、そしてそれを支える製造装置、部材と、様々な産業が国

■半導体を巡る綱引き

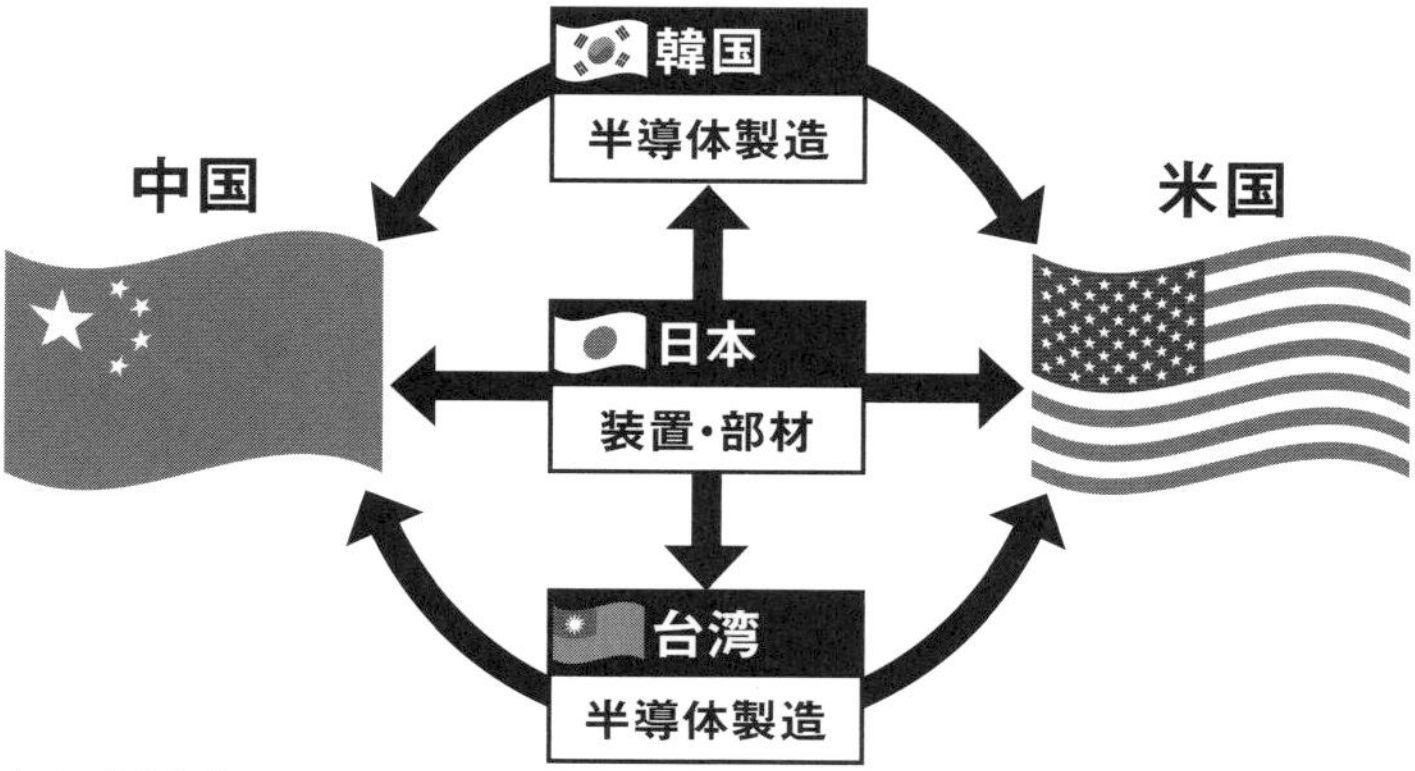

出所：著者作成

際的に分業してエコシステムとして成り立っている。その中で、日本の強みは製造装置と部材だ。

そうした全体像の中で、日本に決定的に欠けているのがロジック半導体の設計・製造だ。その製造の最先端を行くのがＴＳＭＣで、その誘致は欠けているピースを埋めるための必要な一歩だ。

ロジック半導体は今やＩｏＴやデータセンター、５Ｇインフラ、電動車などデジタル社会の産業基盤を支える。この安定供給を確保することは安全保障上においても決定的に重要だ。もちろんその担い手が日本企業である方が望ましいが、ボリュームゾーンのミドルレンジ（回路の線幅22〜28ナノ）を作っていないため海外企業に頼ることも仕方がない。

かつて石油危機の際、日本の安全保障を左右する原油の調達で、中国の鄧小平氏の名言、「白猫であれ黒猫であれ、ネズミを捕るのが良い猫だ」が引用されたのを思い出す。半導体産業が「日の丸自前主義」に陥って失敗した反省でもあるだろう。

しかしTSMC誘致だけで満足していてはいけない。二の矢、三の矢を放つ必要がある。ロジック半導体だけでなく、データセンター向けなどの爆発的な需要拡大を考えれば、先端メモリーの国内生産拠点もさらに必要になってくる。

日本国内では米マイクロン・テクノロジーによる先端DRAMの工場増強や、キオクシアホールディングスによるNAND型フラッシュメモリーの先端工場の増強も計画されており、政府支援の対象としている。

「今後必要になるのが、これまでのような単年度での補助金の拠出といった単発の施策ではなく、複数年度にまたがって継続的に支援できる仕掛けだ」と、私は指摘していたが、まさにそうした継続的な政府支援の体制が整いつつある。

サプライヤー、顧客にまで広げた戦略

日本の強みである製造装置、素材産業にも半導体戦略のウイングを広げる必要がある。装置、部材は分野ごとに細分化されているが、平均すれば日本企業の世界シェアは約3割とも約5割ともいわれている。しかし国産化比率を高める目標を掲げる韓国、中国が急激に追い上げていて、うかうかしていられない。追随を許さないほどに技術に磨きをかけるのが急務だ。

技術の獲得にも熱心で、日本企業は「技術を守る」ための技術流出対策に抜かりがあってはならないのは第3章で取り上げた。それは大手企業だけではない。特に大手に中核部品、中核素材を供給する中堅中小企業もそうで、買収に対しても警戒が必要だ。

他方、日本はメモリー、センサー、パワーは世界で戦えるといっても、激しい国際競争の中、このままでは競争力を失いかねない。

日本には同業の会社が5、6社もあってしのぎを削っている。競合のドイツはインフィ

ニオン1社、スイスはSTマイクロエレクトロニクス1社だ。数が多い日本企業同士の競争はよくある風景だ。私も「産業界も企業の再編に大胆に取り組めるか問われている」と指摘していたが、最近になって日本のパワー半導体業界でもやっと「合従連衡」が起こりつつある。

米中による巨額の軍資金を使った「半導体囲い込み」が進む。装置メーカー、部材メーカーがこうした強力な「磁力」に引っ張られて、米国投資、中国投資に向かうのは自然な流れだ。その結果、日本国内の空洞化も懸念される。日本の強みのある産業が海外流出することのないよう、国内にも生産拠点といった磁力のある磁場が必要だ。

最先端を走るファウンドリーのTSMCを茨城県つくば市に誘致して、プロセス技術を共同で開発（総額370億円）している。最先端の製造技術を持つTSMCとの「すり合わせ」の開発を日本国内の場で鍛える意味は大きい。日本国内にも装置メーカー、部材メーカーにとっての「磁場」をつくっておくことは重要だ。

中国への向き合い方に悩む日本企業

半導体製造装置と部材は注文増で活況を呈していることはすでに述べたとおりだ。もちろん短期的にはビジネスを貪欲に取るべきだろう。が、同時にそれが中長期的には中国の過剰能力問題を引き起こすことも必至だ。中国の過剰能力で苦しむ鉄鋼で起こったことは、将来、半導体でも起こると考えるべきだ。さすがに日本企業は最先端の装置、部材は中国に供給していないというが、日本企業同士が熾烈な競争をしている中で、何とも心もとない実態だ。

新型コロナが発生した時、武漢からチャーター便で日本人数百人が帰国した。そのうち約半数は自動車関連の従事者であったが、残りの大半は半導体関連の従事者だった。日本の半導体製造装置メーカーの技術者がそうした工場の建設とメンテナンスに関わっている実態が浮かび上がった。

米国による対中半導体規制が強化される中で、日本企業も中国との間合いの取り方はこれまでどおりとはいかず、注意を要する。

半導体新会社ラピダスが始動

汎用の半導体だけでなく、先端半導体への取り組みも不可欠だ。2022年8月、次世代半導体の新会社ラピダスが設立された。2ナノプロセスのロジック半導体を開発して、27年ごろの量産を目指す計画だ。

日本は先端半導体の量産で国際競争から脱落して、「失われた30年」ともいわれている。そうした中、ラピダスは半導体産業の起死回生の期待を背負って発足した。今後10年間で5兆円の設備投資を計画している。資金、技術、顧客、人材などいずれも課題山積でいばらの道だが、日本にとってラストチャンスだとの危機感がある。

ラピダスは、かつての〝日の丸半導体〟とは根本的に異質なプロジェクトだ。どう違うのか。

1 デジタル産業のためのプロジェクト

まず第1のポイントは、トヨタ自動車、NTT、デンソー、ソニーグループなどが株主に名を連ねている。これはデジタル産業のためのプロジェクトだ。国全体のデジタル投資の遅れが「失われた30年」の大きな原因の1つであった。今後の成長には産業全体でのデジタル投資が急拡大することが必要だ。半導体はそうしたデジタル投資の主要プレーヤーを顧客として成長する産業だ。

かつては家電が半導体の主要ユーザーであったことで日本の半導体産業は育った。しかし2000年代に入ると、パソコンやスマホに半導体需要が移り、これらのグローバルメーカーは大量の半導体を必要とした。しかし日本には米国のアップルや韓国のサムスン電子のようなグローバルメーカーが育たなかった。それが半導体産業の衰退の一因でもある。

今後のデジタル社会の基盤となるのは、自動運転やデータセンター、工場のデジタル化、スマートシティなどだ。半導体はそうしたデジタル分野で必要になる。トヨタやNTT、デンソー、ソニーなどがラピダスの株主になった理由はそこにある。これらの企業がユーザーとなるからだ。それぞれの分野で次世代のデバイスを開発して新たなデジタル産業を牽引する。そのためには、ニーズに応じた独自機能を盛り込んだ半導体の開発がカギを握る。

2 かつての「自前主義」からの決別

第2のポイントは、日本企業だけによる「自前主義」ではないことだ。ラピダスは日米連携、さらには欧州も巻き込んだ日米欧連携のプロジェクトだ。

米国企業（おそらくIBMだろう）の研究成果である次世代トランジスタ技術を活用した微細化技術、そしてそれを可能にするオランダの半導体装置メーカーASMLの極端紫外線（EUV）の露光装置の技術がなければ、このプロジェクトは成り立たない。

米中対立が激しさを増す中で、国家レベルで次世代半導体の開発について日米連携は急速に進められた。

こうした国際連携を可能にしているのは日本自身が強みを持っているからだ。装置メーカー、材料メーカーの技術力を背景に、後工程での積層化技術を持っていることが、相手方にも魅力となっている。

これはトランプ政権になっても有効な日米協力となる。

Ⅳ データも米中対立の戦場に

こうした米中対立の主戦場・半導体以外にも戦場は拡大している。中国のＴｉｋＴｏｋ（第１章）とファーウェイ（第４章）。そもそも米国のオール・ワシントンがなぜこれらを警戒しているのか。そこには共通するものがある。

これらの目的は米国の機密性の高い情報を中国共産党から守ることだった。ＴｉｋＴｏｋについてはさらに世論操作の危険性も加わる。

中国は国内から海外へのデータ流出を規制し、海外のデータは自由に流入させる、いわば「非対称の仕組み」でデータを囲い込む。そして中国政府によるデータアクセスを可能にする法制度（サイバーセキュリティー法、国家情報法）がある。

これらの法制度の下ではファーウェイもＴｉｋＴｏｋの運営会社・バイトダンスも中国政府からのデータの提供要請を拒否できない。ファーウェイ、バイトダンスがいくら否定しても、この〝くびき〟からは逃れられない。

オール・ワシントンはこうした対中警戒を背景に、議会超党派でファーウェイやＴｉｋＴｏｋへの規制強化を進めた。

これら以外にもデータを巡る米中の攻防は激しさを増している。その分野は「つながる車」、港湾クレーン、ドローンへと広がってきている。順次、見ていこう。

中国製「つながる車」排除で自動車業界に激震

自動車業界に激震が走ったのが、「コネクテッド・カー（つながる車）」の規制だ。米商務省は24年9月、インターネットに接続して運転支援などをする「コネクテッド・カー（つながる車）」について、中国とロシア製の部品・ソフトを使った車両の輸入と販売を禁止すると発表した。これも米国議会における超党派での動きが背景にある。

通信機能に関連する部品・ソフトや自動運転に関連するソフト、そしてこれらを搭載した車両が規制対象になる。この結果、自動車メーカーは調達先の変更も迫られる。

リスクは個人情報とサイバー攻撃

規制の理由は通信・ネットを介した個人情報の漏洩とサイバー攻撃という2つのリスクだ。いずれも経済安全保障の重要課題に浮上している。

ジーナ・レモンド商務長官（当時）はこう述べている。

「中国がドライバーの個人情報や車の位置情報にアクセスすることで、安全保障や米国民のプライバシーに重大なリスクをもたらす可能性がある」

「誰が、いつ、どこに向かった」という個人情報や生活パターン、車内外の画像や音声の記録も外部のサービスプロバイダーなどと共有されるからだ。

もう1つの理由がサイバー攻撃のリスクだ。コネクテッド・カーはスマートフォンや周辺の車、交通インフラとも継続的な通信が可能で、遠隔で車両を制御することもできる。外部のネットワークとつながることでサイバー攻撃によって遠隔操作されるリスクもある。

24年10月、バイデン政権下のジェイク・サリバン大統領補佐官（当時）はスピーチでこう言及した。

「中国の技術を搭載した数百万台の車が道路を走り、中国から毎日ソフトウエアのアップデートを受け、大量の情報を中国に送り返すことは、（中略）システミックなサイバーリスクとデータリスクが予想され、それに応じて的を絞った措置を講じる必要がある」

米国での影響はどうだろうか。米国では現在、中国・ロシア製の部品・ソフトを使ったコネクテッド・カーはほとんど走っていないとして、米政府は今回の措置で年間販売台数の減少は最大でも2万5000台程度にとどまると一応試算している。ただし米政府もサプライチェーン（供給網）の実態把握はできておらず、米国の自動車メーカー・ビッグ3も中国に依存している可能性はある。

日欧の自動車業界に激震走る

日本の自動車業界のサプライチェーンにも大きな影響がある。北米は日本からの輸出が約160万台、現地生産が約440万台に上る重要な市場だ。中にはソフトウエアが中国で開発されたかどうか定かでないものもあるといわれている。欧州では安価な中国製ソフトを使っている自動車メーカーも多いと指摘されているので、もっと深刻だ。

日欧の自動車業界には不安が漂う。規制には不透明な部分も多い。ハッキングや情報漏洩のリスクを軽減するためにどういう措置が受け入れられるのかも分からない。これでは企業にとって予見可能性がない。ルールの透明性がないまま米当局が恣意的な運用をすれば、メーカー間の公平性が担保されない恐れもある。

さらに厄介なのは、どこまで調べれば免責されるのかが分からない。完成車メーカーだけでなく、1次、2次、3次といった中堅・中小のサプライヤーも対応が必要となるのでもっと深刻だ。

港湾クレーンは「トロイの木馬」

24年、米議会は米港湾で使われている中国製クレーンに遠隔通信が可能なセルラーモデムが搭載されていることが判明したとの調査結果を発表した。そしてこれらのクレーンが監視や妨害工作用に用いられる可能性があるとの懸念が指摘された。クレーンは時には遠隔操作が可能で、通信を経由して米港湾施設の運用などで妨害工作を仕掛けることも可能としている。またコンテナの出所や目的地を追跡できる高度なセンサーが搭載されていて、中国政府の偵察ツールになっている可能性があるとして、「トロイの木馬」になぞらえて懸念を強めている。

港湾クレーンに関しては中国企業の上海振華重工（ZPMC）が世界市場の7割、米国市場の8割を生産している。これは中国が世界の海事産業で支配的な地位を占めるべく、ZPMCに対して巨額の補助金などで戦略的に支援して、それを元にZPMCが市場からかけ離れた安い価格でシェアを取ってきた結果だとした。

米国は新たな港湾インフラの整備計画では、安全保障上のリスクから米国製とする方針だが、米国国内には製造能力がない。そのためフィンランド、ドイツ、日本の港湾クレーンメーカーに米国内での製造を求めている。

ドローンでスパイ懸念排除へ

25年の年明け早々、中国製ドローンについて米国メディアが報じた。

米商務省が国家安全保障上の懸念から中国製ドローンの米国での使用を制限または禁止

する規則を検討しているという。最終決定はトランプ政権に委ねられる。

問題は、ドローンがインターネットを通じて定期的にメーカー側と通信したり、メーカー側が定期的にソフトウエアの更新を行ったりしていることだ。妨害や破壊のリスクが指摘されている。

さらにメーカーを介して中国政府も、ドローンがいつどこを飛行したかを示す飛行ログを入手可能で、スパイ目的でドローンから画像をダウンロードすることも可能とされている。世界最大の中国のドローンメーカーＤＪＩは、中国政府に支配されていないと主張しているが、懸念は払拭されていない。

トランプ政権でも議会主導の主要テーマに

米国の動きはこのように「つながる車」にとどまらない。その背景である対中強硬一色に傾く米国議会の超党派の動きに注目する必要がある。

23年12月、「米国と中国共産党間の戦略的競争に関する特別委員会」（略して中国特別委員会）が今後の対中政策について膨大な提言書を公表した。

「米政府に対し、米国が先端技術を中国に依存するのを防ぎ、有害な中国技術から米国市場を保護するよう要求する」として、ドローンや自動運転にも使うＬｉＤＡＲ（ライダー）技術（光を用いたリモートセンシング技術）などを具体的に挙げている。

さらに「国家安全保障にとって重要な技術製品及びサービスが外国の敵対者によって所有、管理、または開発されている場合、大統領が米国市場において禁止することを可能にする権限を制定する」としている。

こうした技術には、量子コンピューティング、バイオテクノロジー（ゲノム・健康データ）、人工知能（ＡＩ）、自律システム、監視技術などが含まれている。

情報・データ漏洩とサイバー攻撃への防御が経済安保の大きな潮流となっているのだ。第２期トランプ政権でもオール・ワシントンの議会主導でこうした動きは大きくなっていくと予想される。

Column

輸出管理の大転換点

こうした一連の対中半導体輸出規制は、単に様々な米中対立の一要素一つにとどまらない。大げさに聞こえるかもしれないが、輸出管理の国際枠組みの本質を変える歴史的な転換の一歩でもあるのだ。

簡単に振り返ってみよう。次ページの図を参照されたい。

冷戦期には共産圏諸国に対する輸出規制の国際的な枠組みで有名な対共産圏輸出統制委員会（ココム）があった。冷戦が終結してその役割を終えて、衣替えして発足したのが通常兵器関連の「不拡散」を目的とするワッセナー・アレンジメントだ。

私もかつてこの枠組みをつくる仕事を担っていたが、30年近く経て、明らかに今日の国際情勢に対応できなくなってしまった。経済的威圧を繰り広げる中国などに対して、日米欧など技術を有する有志国が機動的に対応できる国際枠組みが必要になっているのだ。

■輸出管理の国際枠組みの変遷

	冷戦期 ココム（1949年〜94年）	ポスト冷戦 ワッセナー（96年〜）	米中対立 ワッセナー＋新枠組
参加国	17か国 （西側諸国）	42か国 （**ロシア**の参加）	少数の 技術保有国
対象	共産圏	全地域 懸念国（イラン、イラク、リビア、北朝鮮）に焦点	中国を念頭 （**軍民融合**）
目的	**技術格差**	**不拡散** （**軍事転用可能**な貨物・技術）	**技術格差** （新興技術、基盤技術）

出所：著者作成

かつて「ココム」から「不拡散」へと移行し、そして今、「有志国による新たな枠組み」へと、さらに移行しようとしている。輸出管理の歴史は第3段階に入ろうとしているのだ。

そうした大きな流れの一歩がこの日米欧による先端半導体での対中輸出規制と位置付けるべきだろう。米国では量子コンピューティング、バイオテクノロジーなど他の新興技術分野にもこうした規制の拡大を検討しているという。トランプ政権下でもこの変革は避けて通れない。

第5章

米中に日本はどう向き合うのか

この章では、米中が新冷戦といわれる対立関係にある中で、日本政府はどのような政策を、そして日本企業はどのような事業経営を展開すべきかを考える。

言うまでもなく、日本は米国の同盟国ではあるが、トランプ政権は日本に対し応分、いやそれ以上の負担を迫ってくる可能性がある。また日本企業の経営を大きく揺さぶることになる。そこでまずは、トランプ政権との向き合い方を考える。そうした原稿を書き終えようとした2月7日、日米首脳会談の結果が飛び込んで来た。これをどう見るかも含めて考えてみたい（Ⅰ）。

一方、米中関係が悪化すると日本との関係改善を図りにかかる、したたかな隣国、中国との向き合い方についても論じたい（Ⅱ）。

Ⅰ　トランプ政権との向き合い方

スタートは大統領選直後の5分という異例の短い電話会談から始まった。不安が漂う中、大統領就任後の2025年2月になって、初めての首脳会談が実現した。ただし、これは「顔合わせ」に過ぎない。これで関税や防衛費増の要求を回避できたとするのは早計だ。

本番はこれからだ。

首脳会議の隠れたテーマは「疑念の払拭」だった。

「米中の間でバランスを取る外交で、日本とインドネシアは非常に似ている」

1月のインドネシア大統領との首脳会談での、こうした〝危うい発言〟に米国からは疑念の目で見られた。これを払拭できるかどうか、から出会いは始まった。

「投資による貢献」カードを切る日本

日本は他の同盟国と同様に、防衛負担の拡大要請と関税引き上げの脅しに直面すると見られている。

さて、それではこうした圧力にどう対処するかだ。

まずは対米貿易黒字だ。その大きさを見ると、中国、メキシコ、ベトナム、ドイツ、日本の順で、日本は約9兆円と5番目の多さだ。まずこの削減を求めてくるだろう。

首脳会談の記者会見でもトランプ大統領はこう発言している。

「慢性的な貿易赤字は米国の経済を弱体化させる。日本との貿易赤字についても（解消に向けて）すぐに取り組む」

他方で日本は19年以降、米国への最大の投資国でもある。日本企業による米国での雇用創出も100万人近くに上る。かつて安倍元総理はトランプ大統領に対して、こうした日本の米国への貢献を繰り返し根気よく刷り込んだ。石破首相も首脳会談でこれを踏襲したようだ。

「現在、対米投資残高は8000億ドル近いが、これを1兆ドルというかつてない規模に引き上げたい」

私も以前から、「今後の自動車も含めた『オール・ジャパンの対米投資』という〝大きな絵〟にして、〝トランプ好みの大風呂敷〟に仕立てられるかどうかだ」と指摘していた。

防衛費と経済安保がカギ

まず焦点の日本の防衛費だ。

日本に対しては「日本の防衛費はＧＤＰの３％を目指すべきだ」と注文を付けているエルブリッジ・コルビー氏を、トランプ大統領は政策担当の国防次官に起用した。彼は第1期トランプ政権で国防次官補代理を務め、以前から中国の覇権主義に警鐘を鳴らしている保守派の論客だ。

第2期トランプ政権では国防長官に元ＦＯＸニュース司会者のピート・ヘグセス氏、国防副長官に投資家のスティーブン・ファインバーグ氏を起用したが、いずれも国防の専門家ではない。いきおい国防政策の立案はこのコルビー氏に委ねられると見られている。

日本は岸田内閣で27年度に防衛費をＧＤＰの2％とする目標を掲げている。日米首脳会談の共同声明では「日本の防衛予算増加の好ましい傾向」として「27年度より後も抜本的に防衛力を強化していくことの日本のコミットメントを歓迎」としている。とりあえず首脳同士の顔合わせではこれぐらいでとどめていても、これで安心していてはいけない。今後、トランプ政権がさらなる防衛費増を求めてくることは必至だ。

「防衛費はＧＤＰの３％」は同盟国として当然視している。米国に守ってほしいならば、

■日米経済関係の概観

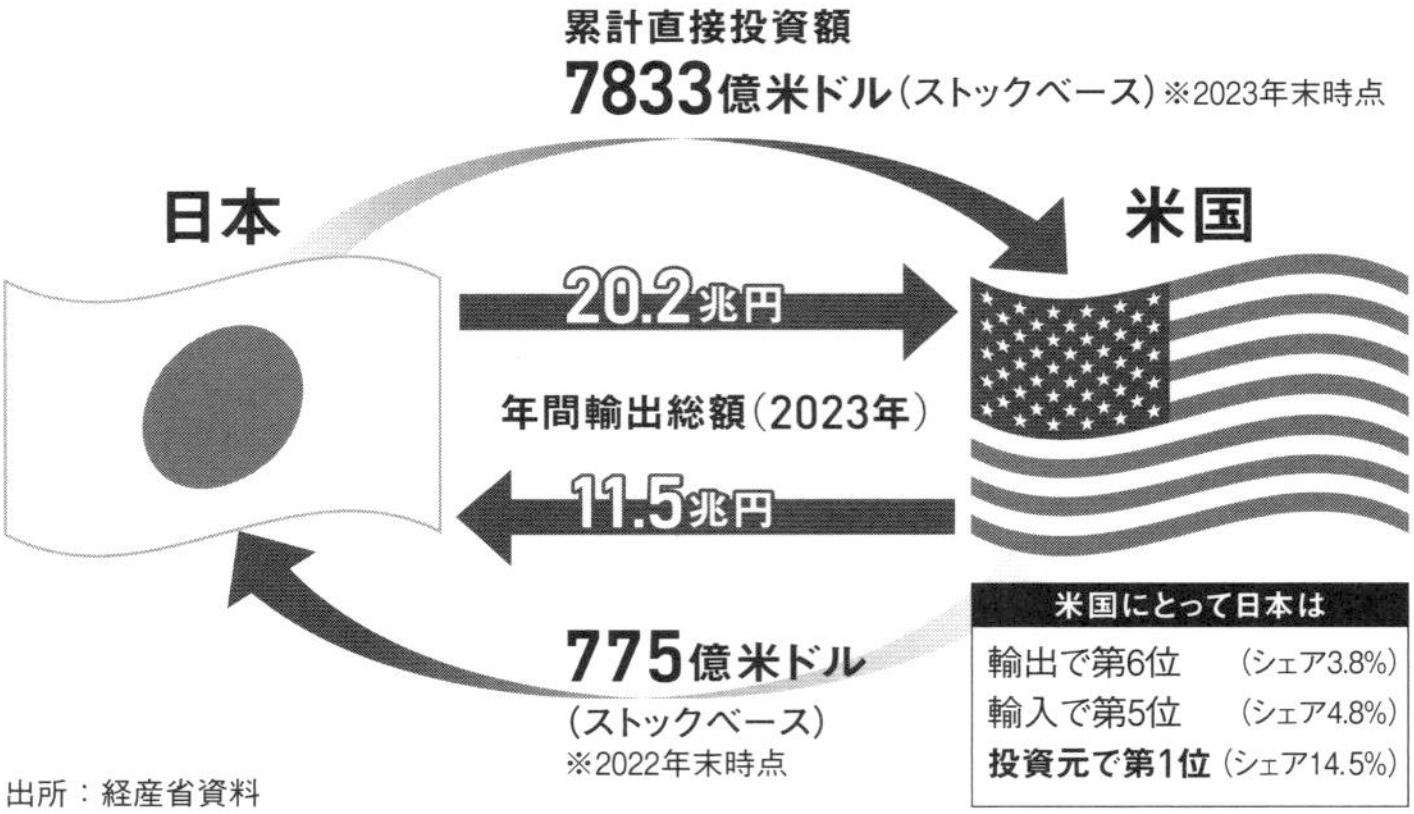

出所：経産省資料

少なくとも米国と同じレベルの3％は「応分の負担」としているのだ。

もし3％に届かないならば、その分、「投資や雇用の貢献」で代替するという交渉を想定しておくべきだ。その際、日本は非軍事の経済安全保障なども統合するアプローチも有効だろう。

日米共同声明では、強靱《きょうじん》なサプライチェーン構築の促進、経済的威圧の抑止と対処のための協力、人工知能（AI）、量子技術、次世代の半導体の技術開発など多岐にわたる項目が上がった。これらは岸田政権において日米で合意したものだ。トランプ政権と石破政権でも継続されることを確認したことは意味がある。

中身はいずれも、名指ししなくても、中国を念頭に置いているのは明らかだ。そしてこれらを統合した戦略を描いている。

日米双方のトップが替わっても、こうした基本方針は変わらない。そこからトランプ政権との日米協力の具体化につなげていくべきだ。ここでは「防衛産業の協力」と「エネルギー協力」という2本柱を取り上げよう。

日米協力の柱①「防衛産業の協力」

第1期トランプ政権は米国から防衛装備品の購入を増やすよう日本に迫った。これは貿易赤字の削減のためで、再び売り込んでくるだろう。しかし第2期ではさらに「米国の製造業を取り戻す」ことを重要課題としている。そこで米国の防衛産業の復活にいかに協力するかがポイントになる。先般の日米首脳会談の共同声明でも盛り込まれている。

トランプ大統領が韓国の尹錫悦（ユン・ソンニョル）大統領との電話会談で言及したのは韓国の造船業による米国軍艦の補修・整備への協力だった。ここに対トランプ政権のヒントがある。

米国は世界トップの軍事大国でありながら、防衛産業の生産工場は老朽化・非効率化が深刻だ。そこで24年1月に公表された米国防総省の国家防衛産業戦略でも同盟国・同志国との防衛産業協力を進めていくことが重要とされた。トランプ大統領も「疲弊した防衛産業基盤を再建する」としている。

米国の造船所の建造能力もそうだ。そのため船舶の補修・修理・整備で支障を来している。米国海軍の潜水艦の約30％が修理待機中という調査結果も公表された。そこで24年から韓国がこの分野での協力を行うことで米韓間の協議が進められている。

トランプ大統領はこう付け加えた。

「米国の造船業は韓国の支援と協力を必要としている。韓国の船舶輸出だけでなく、補修・修理・整備といった分野で緊密に協力する必要がある」

1980年代初頭、米国には300以上の造船所があったが現在は20しかない。一方、中国は巨額の政府補助金によって世界造船業界におけるシェアは2000年の約5％から

23年には50％以上に拡大した。米国防総省が24年12月に公表した報告書では、中国海軍が現在世界最大規模の艦船を保有しており、さらに今後、米国との格差が拡大すると予想している。このままでは中国に海軍力で追い越され、追い付けないほど格差が広がりかねないという危機感が米国にはある。

今後、韓国で政権交代が起こると米韓協力の行方も危うい。日本が役割を担う必要が出てくるだろう。

米国は防衛産業に対しては強い危機意識を持っている。ウクライナへの軍事支援では国内の生産基盤が衰退しつつある脆弱性が露呈した。

23年末、米国はウクライナに供与する迎撃ミサイル「パトリオット」の生産が追い付かず、国内在庫が底をついてしまいかねない事態に直面したのだ。そこで浮上したのが日本保有の「パトリオット」を米軍に提供する案だ。24年7月、約30億円で提供契約を締結した。これは日本で製造した、米国からライセンスされた製品を輸出する初めての事例だ。

24年1月、米国防総省は注目すべき文書を出している。「国家防衛産業戦略」がそれで、防衛産業の基盤の強化・近代化が目的だ。近代化された防衛産業のエコシステムを構築して「統合された抑止力」を目指すとしている。

具体的には強靭かつ革新的な供給網の構築を挙げている。ここに日本の貢献が期待される。そして「国防総省単独ではこうした課題は解決できない」とし、「同盟国・同志国と経済安全保障も含めて取り組むべし」としている。

こうした考えが日米首脳で合意され、24年6月、防衛産業の協力に向けた新たな協議体**「日米防衛産業協力・取得・維持整備定期協議」**（ＤＩＣＡＳ）を立ち上げた。そこでは米海軍艦船や米空軍機の共同維持整備やミサイルの共同生産、サプライチェーンの強靭化に取り組むことで合意した。日本の産業基盤全体で米国の防衛産業の脆弱性をどう補って貢献するかが問われている。

米国の関心は日本の経済安保政策と産業政策を含んだ広範なものだ。そのために日本側も防衛省だけではなく、政府一体の推進体制で取り組むことが重要だ。

繰り返しになるが、2期目のトランプ政権の重要課題に付け加わったのは「米国の製造業を取り戻す」ことだ。米国の防衛産業への貢献として日本が果たせる役割を、いかにトランプ大統領に売り込むかがカギになる。

日米協力の柱②「エネルギー協力」

「掘って、掘って、掘りまくれ」

トランプ氏の選挙戦での言葉だ。就任初日の大統領令で温暖化対策の国際枠組みである「パリ協定」から脱退した。石油や天然ガスなどの開発も進める。そしてエネルギー長官に石油・ガスの採掘会社を経営するクリス・ライト氏を充てた。気候危機への疑義を公言してはばからない人物だ。

米国のエネルギー生産や規制、輸送などに関わるすべての省庁で構成する「国家エネルギー会議」も新設して、エネルギー分野への民間投資の拡大や規制緩和を目指す。

トランプ政権の重要キーワードの1つは**「エネルギー支配」**だ。世界のエネルギー供給をコントロール下に置けるよう、まさしく支配することを目論む。そこには2つの狙いがある。

1つ目はロシア、イランのエネルギー供給での影響力をなくすことだ。2つ目はエネルギー価格を下げて、インフレ抑制につなげていくことだ。

日本はエネルギーをトランプ政権との協力分野にすると同時に、日本のアキレス腱《けん》である「エネルギー安全保障を確保する」ことにつなげていくべきだろう。

日米首脳会談でも液化天然ガス（LNG）や原子力での日米協力が取り上げられた。

トランプ大統領は「LNGの輸出停止は破滅的なことだ」とも言っている。バイデン政権が停止していたLNGの輸出許可の審査を再開する。米国から日本への輸出増で協力することが合意された。

液化やガス化基地の建設はコストがかかり供給網のボトルネックとなる。そうした分野での投資は日本企業も投資意欲があり歓迎される。そして短期的には多少割高であっても、中長期をにらんで米国産LNGの購入を取り付けておくことは、エネルギー安全保障にプラスであるだけでなく、対米貿易黒字の削減にもなる。

なおEUもフォンデアライエン欧州委員長は「関税合戦ではなく、貿易交渉によるディール（取引）をすべきだ」と主張して、その際、俎上《そじょう》に載る石油、LNGの購入を示唆した。早速、トランプ大統領はそれを要求している。

ただし問題は価格だ。日本の購入者も米国の産出者も民間企業だ。中国の購入者や産油国の産出者が国有企業であるのとは訳が違う。民間企業が増産を進めるのか、購入を進めるのかは価格次第で不透明だ。日米共同声明においても「低廉で」「日米双方に利のある形で」と釘を刺して、無条件の購入ではないことを明確にしている。メディアはそこを見逃しているようだ。

さらに日本の場合もう1つ考慮要因がある。ロシアにおける天然ガス開発事業「サハリン2」だ。ロシアへの経済制裁において、何とか権益を維持する日本の方針に米国の理解を得ている。仮にウクライナ紛争での停戦が成立した際には、将来サハリン2からの天然ガス供給の可能性も出てくる。

日本の中長期のエネルギー戦略の中でLNGの調達をどうするか。そして、その中で米国産ＬＮＧの位置付けをどうするか。そうした戦略が必要になってくる。

要注意はアラスカのガス田開発だ。大統領令で、アラスカの開発規制を全面緩和し、太平洋地域の同盟国へのＬＮＧの販売について言及している。トランプ大統領も共同記者会見で「日本との共同企業体で協議している」と発言した。一見よさそうに見えるが、踏み込んで見れば要注意なのだ。

これはバイデン政権下でも日韓に打診があって断念した経緯がある。千数百キロに及ぶ長距離のパイプラインを永久凍土に敷設するため、高コストで採算が合わないからだ。将来政権次第では再び規制がかかるリスクも抱えており、米国石油企業のエクソン、シェブロンも消極的だ。「採算度外視してでもやれ」と民間企業に言うのは暴論だろう。ウィリアム・ハガティ元駐日大使をはじめ米側のはたらきかけは以前からあるが、要注意だ。

英調査会社ウッドマッケンジーによると、世界のＬＮＧ需要は33年までに23年比で50％超増える見通しだ。とりわけアジア諸国では電力需要が増えて、石炭からよりCO_2排出量の少ない天然ガスへ転換しようとする動きが盛んだ。日本はそうしたアジア諸国と米国の供給を仲介して、販路の開拓の面で米国に貢献することもできる。

小型原子炉での日米協力

もう一つのエネルギー協力は小型原子炉（SMR）での協力だ。

トランプ氏も選挙戦において「小型原子炉の設置を進めるべきだ」と発言している。米国IT大手はAIによるデータセンターへの投資を増やす。さらにソフトバンク・グループなど3社は「スターゲート」と呼ぶAI開発事業で今後4年間で5000億ドルを投資して、データセンターの建設などを計画している。そしてデータセンターに不可欠な電力の確保も含まれる。そこで浮上するのが小型原子炉の建設だ。

日米首脳会談の共同声明でも「日米協力の取り組み」が盛り込まれている。またこれは原子力潜水艦に応用できる技術でもあり、対中国の上でも重要な戦略である。

現在、米国企業のゼネラル・エレクトリック（GE）と日本企業の日立グループが先行しており、カナダのオンタリオ州で29年完成を目指して建設に着工している。

今後、日米協力で米国での建設を進め、GAFAに貢献する。さらには海外への展開につなげる構想を描いてはどうだろうか。

原発輸出でロシア、中国の後塵《こうじん》を拝していては安全保障からの危機感も高まる。今後、日米協力で東南アジアや中東など新興国市場を取り込むことも重要だ。

「日鉄のUSスチール買収」いちるの望みはトランプ大統領のディール

日本製鉄（日鉄）による米鉄鋼大手USスチールの買収計画も日米首脳会談の注目点だった。私は日米首脳会談前にテレビ番組などで、こう指摘していた。

「むしろトランプ大統領とのディール（取引）が日鉄にとっていちるの望みだが、対米投資がカギとなる事案だ」

そしてこう続けていた。

「それではトランプ政権との交渉にどう臨めばよいか。まずトランプ大統領の自尊心をくすぐることだ。元をたどれば、第1期トランプ政権で鉄鋼に25％の関税賦課をして、日鉄が米国市場を獲得するためには輸出ではなく、米国に投資する流れとなったのだ。これは第2期トランプ政権で関税をかけて製造業を復活させる戦略そのものだ。トランプ大統領にはそのモデルケースとして、『米国の製造業復活に投資で協力する案件』とアピールしてはどうか自分の戦略に酔いしれるトランプ大統領だからこそ効果的だろう」

「また日鉄だけでのディール（取引）ではインパクトに欠ける。前述したように、自動車関税も取りざたされている中で、自動車業界の対米投資も含めてオール・ジャパンとして〝大きな絵〟にして提示すべきだ」

まさに首脳会談はこうした方向性に沿うものであった。「買収ではなく投資」と言い換えてトランプ大統領の印象は大きく変わったようだ。今後「投資」の中身は交渉するが、予断を許さない。ただし買収と投資は対立概念ではない。これで買収をあきらめたとするのは早計だ。

またトヨタの対米投資計画なども別途前向きの案件として併せて提示したことも大きい。対米投資全体の中で見ることができる。

大統領選に翻弄される

米国政治に翻弄された経緯を簡単に振り返ろう。

23年12月、日鉄はかつての米国の象徴ともいえるＵＳスチールを約２兆円で買収すると発表し、世界に衝撃を与えた。すると早々に大統領選を控えたトランプ氏は「私なら即座に阻止する」と反対ののろしを上げて、買収劇は〝政争の具〟になった。USスチールが本社を構えるペンシルベニア州は大統領選の激戦区とあって、トランプ氏、バイデン氏ともに労働者の支持を得たいという思惑だった。

日鉄の資本が入ればUSスチールの技術力が上がり、雇用にもプラスになるという経済合理性があることは火を見るよりも明らかだ。USスチールは1901年に設立された100年以上の歴史がある老舗企業だ。米国に8基（うち2基は休止中）の高炉を持っているが、今や設備の老朽化などで競争力が低下し、世界の粗鋼生産量のランキングでは27位に衰退している。高コスト体質で、リストラしてもなかなか収益力を回復できないでいるのだ。

日鉄はUSスチールの高炉に巨額の設備投資をして、日鉄の技術力を供与して高炉の技術に磨きをかけるとする。懸念を払拭するために、一時解雇（レイオフ）や工場閉鎖を行わないこともコミットした。明らかにウイン・ウインの日米産業協力だ。しかも買収するのは同盟国の日本。安全保障上の懸念などあるわけがない。

しかしバイデン大統領（当時）は選挙対策を優先して、この買収案件に中止命令を出した。大統領選で敗れても、２年後の中間選挙に向けて全米鉄鋼労働組合（ＵＳＷ）の支持を得ておきたかったようだ。

バイデン大統領は「国家安全保障上の理由」を挙げたが、これが後付けの理屈であることは明らかだった。同盟国である日本の企業による買収が米国にとって安保上の脅威になるとは考えにくい。それを審査する対米外国投資委員会（ＣＦＩＵＳ）のメンバーのうち、国務省、国防省などほとんどの意見はそうだった。しかしバイデン大統領の意向に流される米通商代表部（ＵＳＴＲ）だけは反対した。これがＣＦＩＵＳでの９対１の内幕だ。

日鉄による買収を反対していたＵＳＷは全米に約85万人の組合員を抱える。日鉄とＵＳＷの協議は最後までまとまらなかった。

厄介なのは、ＵＳＷが一枚岩ではないことだった。構成員の多くは23年８月にＵＳスチールを買収しようとして失敗した競合の米国鉄鋼メーカー・クリーブランド・クリフスの組合員だ。そしてクリーブランド・クリフスによる買収を支持していた。一方、ＵＳスチールの組合員は少数派なのだ。そのクリーブランド・クリフスは日鉄による買収が頓挫することで、再度買収する捲土《けんど》重来のチャンスをうかがっている。そうしたクリーブランド・クリフスのCEOとUSWの会長が結託しているのではないかとの見方もある。そうしたUSWの内情が今回の事態を招いているようだ。

鉄鋼のユーザー業界の代表格の米国自動車業界からは、むしろ日鉄による買収は歓迎されている。米国の高炉メーカーとしてはクリーブランド・クリフスがシェア1位でUSスチールが2位だ。1位が2位を買収すれば、公正な競争が阻害されて独占禁止法（独禁法）上も問題だ。鋼材価格は上がり、ユーザー業界としては最悪の事態だ。

米国商工会議所や市場関係者からも、そして主要メディアの論調も、バイデン大統領が国家安全保障の脅威とした決定に「米国に有益な対米投資を損なう」といった批判が出ている。

トランプ政権は「米国の製造業の復活」を掲げる。これは米国国内の資本、技術だけで達成できるものではない。海外、とりわけ同盟国からの資本、技術の支援は不可欠だ。最大の脅威である中国と対抗するならば、なおさらだ。いちるの望みが出てきて、本書が世に出る頃には打開されることを期待したい。

トランプ政権では再度、自動車が焦点になるのか

焦点の自動車については、第1期トランプ政権での出方、対応を振り返って検証することが不可欠だ。トランプ大統領は選挙戦では「米自動車産業の保護」を改めて強調している。記者からの質問に対して「自動車関税は常に選択肢」とコメントしている。安心するのはまだ早いようだ。

第1期トランプ政権での日米協議の最大のテーマは自動車であった。日本の自動車業界は自動車への追加関税を回避することを最優先とした。しかし残念ながらその結果、その後の交渉は米国の思惑通りの展開となってしまった。

果たして当時の判断は妥当だっただろうか。私はこう指摘していた。

「自動車関税の引き上げの脅しは『抜けない刀』で〝空脅し〟だ。〝脅し〟としての意味

があるか冷静に見極める必要がある」

仮に自動車関税を引き上げれば、経済への打撃が大きく、株価暴落の引き金となりかねない。輸入車だけでなく、米国国産車の価格も上昇し、消費が冷え込むことが予想され、米国の雇用も150万人減るというシンクタンクの試算もあった。大統領再選に向けてトランプ大統領が重視していたのが株価である限り、採れない選択だった。

第1章で「対米輸出の数量規制」が当初焦点であって、これを日本は回避できたことを紹介した。

なぜ数量規制は回避すべきなのか。

こうした管理貿易は産業そのものを弱くするのだ。一旦、産業が管理貿易の下に置かれると、政府によって各社別に数量が割り当てられて、企業はそれに従って生産活動をする。人為的に企業活動を歪《ゆが》めることによって企業の活力をむしばんでいく。

それは1980年代の日米摩擦の結果、管理貿易下に置かれた日本の半導体産業がその後衰退していった姿を見れば明らかだ。取りあえず「実害のない十分な数量が確保できればよい」といった安易な考えは、将来に禍根を残す。

まさに数量規制は産業をむしばむ〝毒まんじゅう〟なのだ。

第2期トランプ政権でも再度こうした数量規制が持ち出される恐れがあることに備えておくべきだろう。

自動車産業で日本の貢献をアピールできるか

数量規制を回避するために、それ以外の方策で「米国の自動車産業の生産、雇用にプラスになる」手立ても模索した。日本としては、中西部への自動車メーカーの投資拡大で、生産と雇用の増加にいかに貢献できるかをアピールすることで、妥協点を見いだそうとした。

日系メーカーはトランプ政権になって以降、発表した投資計画では200億ドル超の対米投資をして3万7000人の雇用を創出した。問題はこれでトランプ大統領の理解が得られるかどうかだった。最悪の数量規制は免れたが、これだけでは済まなかった。

いためにも、簡単に振り返っておこう。

日米貿易協定は「苦い経験」

悪夢として、よみがえるのが2019年合意の日米貿易協定だ。苦い経験を繰り返さないためにも、簡単に振り返っておこう。

トランプ政権が環太平洋経済連携協定（TPP）を離脱した結果、TPPに参加している豪州産牛肉に比べて、米国産牛肉が相対的に不利になった。さらに米中間の関税合戦の結果、中国の報復関税によって、米国の牛肉、大豆が打撃を被っていた。中西部の農業州の農畜産業者の不満は爆発寸前だったのだ。

2期目を狙う大統領選に向けて、この不満解消はトランプ大統領にとって至上命題となっていた。日本から牛肉の輸入拡大を勝ち取れば、中西部の農家にアピールできる。大統領選に間に合うよう妥結を急いだ。

こうして日本が米国産の牛肉や豚肉、小麦にかけている関税率の引き下げは、トランプ米大統領にとって最も実現したい分野となった。

日本に対して自動車の25％制裁関税を振りかざして、日本の輸入農産物の関税引き下げの〝果実〟を得ることに成功した。

これはTPP交渉で米国の自動車関税の撤廃という〝対価〟を支払ってパッケージで合意されていたものだ。ところこの〝対価〟を支払わずに〝果実〟を得ようという〝ごり押しの協定〟なのだ。

〝対価〟の部分は引き続き第2次交渉で扱う、との約束だったが、結局〝空手形〟だった。日本政府は国内向けにはこの協定を自画自賛した。米国の〝空手形〟も含めて成果とする国内向けの説明で強弁していた。しかし交渉相手の米通商代表部（USTR）のライトハイザー代表（当時）は「自動車・自動車部品はこの協定に含まれていない」と明確に否定していた。

ライトハイザー氏は著書の中でこう誇らしげにその成果を誇示している。

「日本が日本の農産物の関税引き下げ（市場アクセス）をしなければ、米国への自動車輸入に25%の関税をかけると脅した。米国は、最小限の譲歩で、TPPで日本と交渉した市場アクセスの95%を獲得した」

第1期トランプ政権で日本の譲歩を勝ち取ったことに味をしめて、日本の自動車への関税引き上げを再び脅しとして持ち出す恐れは十分ある。通商代表部代表にはそのライトハイザー氏の腹心であったグリア氏が就任する。同じ轍《てつ》を踏まないように、きちっと検証することが必要だ。

Ⅱ 中国との向き合い方

日中関係は米中関係の従属変数

中国は日中の関係改善へ動きだした。米中関係が厳しさを増してくると、日本との関係は改善しておき、日米の対中共闘を揺さぶる、といういつもながらの思考パターンだ。これまでの歴史を振り返ってもそうだが、**「日中関係は米中関係の従属変数」**という要素が大きい。

もちろん日中の関係改善は歓迎すべきことで、これを機に建設的な対話をするチャンスだろう。しかし、これを永続的なものと楽観視するのは危険だ。あくまでも中国側の事情、打算による関係改善である。将来、トランプ大統領が突然、米中融和に向かうと、どうなるか分からない脆《もろ》い基盤だ。残念ながらそれが日中関係の現実だ。日本政府も「従属変数としての日中関係」を頭に置いた対応が求められる。

日本企業にとっても、注意を要する。

米中間の関税合戦もあって、外国企業の対中投資見直しの機運が高まり、現に中国での生産拠点を他国に移転する動きも顕著になっている。これに中国は強い危機感を持っている。そこで、日本企業を引き留めるだけでなく、さらには対中投資に向けさせたいとの思惑が働くのは当然だ。

そこで以下では、政府と企業それぞれが直面している中国との向き合い方を考えてみたい。

不安な「中国への向き合い方」

日本政府の中国との向き合い方に対し、果たして「軸のある」外交・安全保障が期待できるのか、と危ぶむ声も上がる。

岸田政権は、安全保障政策では国家安全保障戦略など防衛三文書の改訂、防衛力の抜本的強化など大きな進展を果たした。他方で、外交政策とりわけ中国との向き合い方を見ると、底流に流れるのは「中国を刺激しない」との外交方針ではないだろうか。

経済安全保障の分野を見ても、中国による日本産水産物の輸入禁止措置や黒鉛などの重要鉱物の輸出規制に対して一方的に申し入れはするが、国際貿易機関（ＷＴＯ）に提訴していない。「ルール重視の外交」を掲げるならば、オーストラリアなど他国と同様、当然ＷＴＯも併せて活用して外交交渉すべきだろう。

さらに安全保障分野でも中国による日本の大陸棚へのブイ設置、中国軍機による領空侵犯や中国海軍の測量艦による領海侵入など、日本の反応を試すかのような挑発的な動きも続いている。これも「遺憾」コメントにとどまっている。

もちろん不必要に刺激することは避けるべきだろうが、相手に間違ったメッセージを送ってもいけない。

中国の外交攻勢の中での日中首脳会談

とりわけ中国は、対中強硬一色のトランプ政権になれば米中対立が激化することを見越して、各国に外交攻勢をかけている。オーストラリア、ニュージーランド、欧州各国、日本などとの関係改善は、米国の同盟国・同志国を揺さぶり、分断する意図も見え隠れする。国内経済が悪化する中でトランプ政権による高関税は中国にとって深刻な打撃となる。そこで日本にも秋波を送る。

24年11月、石破首相は習主席との初めての日中首脳会談に臨んだ。まず「戦略的互恵関係」の包括的推進を改めて確認したとされる。この言葉はもともと、08年の日中首脳会談の共同文書に遡るが、日中首脳会談に際して、改めて確認することが繰り返されている。いわば関係改善の「マジック・ワード（魔法の言葉）」になっている。

しかしこの言葉を何回首脳会談で確認しても、具体的な問題の解決につなげないと何の意味もない。呪文を唱えているだけになる。

首脳会談では日本産水産物の輸入再開や中国の軍事活動活発化への懸念について、具体的な行動に結び付けられるかが問われる。

中国は経済状況が深刻なだけに、関係改善で日本からの投資などを期待している。早速、短期の訪中ビザ（査証）の免除措置を再開するカードを切った。もちろん経済界もこれまでも中国側に要望してきたことなので歓迎できる。ただしこれは後で述べるように、多くの国より遅れて、しかもコロナ禍以前の状況に戻しただけだ。投資誘致の妨げになっている本質的な問題は反スパイ法や技術流出懸念などもっと他にある。

ビザの免除・緩和を巡る「関係改善を装う」危うさ

日本は外交を日本側からしか見ない悪い癖があるようだ。中国から見ると景色はまるで違う。中国は新型コロナウイルスの感染拡大を封じ込める「ゼロコロナ政策」を23年1月に終え、それに伴ってビザの（査証）免除対象国を順次広げてきた。その結果、免除した国は欧州や東南アジアなど30カ国近くに上る。一連の動きの中で日本に対しては遅れての対応だった。日本では中国に拠点を持つ企業などからのビザ免除早期再開を求める声が多く、関係改善のメッセージだと受け取ってもらえるので、「政治カード」に使われたのだろう。

これに対して24年12月、岩屋毅外相は訪中して、観光目的の中国人が個人で訪日する際に必要な短期滞在ビザに関し、10年間何度も利用できる「数次査証」を新設するなどビザの緩和を明らかにした。これは明らかにやり過ぎで、国内からも批判の声が高まった。日本に対する短期ビザの免除に対する「お返し」ということらしいが、これは当たらない。日本はこれまで反対していたにもかかわらず、今回、中国の主張通りあっさり受け入れてしまった。オーバーツーリズムなど弊害も多く指摘されている。

もっと本質的な対応を迫る好機

日本からすると短期ビザ免除の措置だけでは、安心して中国に行ける環境にはならない。中国では23年3月にスパイ容疑で拘束されたアステラス製薬の現地駐在の日本人幹部がすでに起訴された。14年の反スパイ法施行後、少なくとも日本人17人が拘束されているという。いずれも容疑がかかった具体的な違反行為は明かされていない。

これでは企業も対策を立てられず、いつ拘束されるか分からない不安な状況なので、中国出張を控えている企業も多い。パソコン、スマートフォンを突然取り上げて、データをチェックされる恐れもあるので、中国出張用に専用のものを用意せざるを得ない。ビザの問題が解決しても、すぐに人が動きだすような状況ではない。

そうした本質的な問題が前進してこそ、関係改善といえるのではないだろうか。

日中韓ＦＴＡの攻め時と見る中国

では中国は日本に対して「関係改善」として、どういう手を打ってくるだろうか。日中韓の自由貿易協定（ＦＴＡ）が浮上している。中国の狙いは対米戦略だ。米国には「保護主義」との批判を浴びせ、自らを「自由貿易の推進者」としてアピールする。そして日韓を中国の供給網（サプライチェーン）に取り込んで、米国の対中包囲網への揺さぶりにもなるとの狙いだ。

中国は日中韓ＦＴＡの本格交渉入りを日本に迫っている。24年5月、日中韓の首脳は19

年から中断していた交渉を再開して、交渉を加速していくための議論を続けるとした。
日本は中国とＦＴＡ交渉を行うならば、中国の過剰生産を招く補助金政策や国有企業の優遇などに歯止めをかけることが不可欠だ。中国がこうした懸案についても議論に応じる見通しが立って初めて本格交渉ができる。そこを曖昧にしてはいけない。

産業補助金に関しては中国が電気自動車（ＥＶ）や太陽光パネルの過剰生産を招き、安値輸出で世界の市場を歪めていることは第2章で見たとおりだ。中国に公正さを求めることは重要だ。また中国は日本産水産物の輸入禁止や黒鉛など重要鉱物の輸出規制を行っている。こうした中国による「経済的威圧」が撤廃されることもＦＴＡ交渉に入る大前提だろう。

今後、王毅外相が来日し、日中韓の外相会談、さらには日中韓の首脳会談も模索されている。中国はこれをＦＴＡの本格交渉入りの機会にしようとするだろう。

問題は米国の受け止め方だ。不用意に前のめりになると、「日本は中国との市場統合を進めるのか」との疑念の目で見られかねない。石破首相が「米中間のバランス外交」と言ったけに疑念は深まる。日米の間にくさびを打つ中国の思惑通りにならないよう、慎重かつ毅然と進める必要があるだろう。

TPP加盟交渉の好機狙う

日中韓FTAの次に来る打ち手は環太平洋経済連携協定（TPP）だろう。中国が加盟交渉の開始を働きかける可能性が出てきた。米国より先に加盟すれば、将来における米国のTPP復帰を阻止できて、米国をアジア経済圏から排除できるのも狙いだろう。

TPPは日本の奔走で18年に協定が発効し、24年12月には英国が正式加盟した。続いてコスタリカが加盟交渉を開始し、エクアドル、ウルグアイ、ウクライナ、インドネシアも申請している。中国は21年9月に加盟申請したが、事実上、台湾とともに棚上げになっている。

中国は加盟交渉を開始すべく加盟国を各個撃破して揺さぶる可能性がある。TPPを主導している日本に照準を定めて働きかけてくるだろう。日本はこれまで「高いレベルを満たす用意ができているかしっかり見極める必要がある」と一貫してルール重視に徹してきた。

問題は日本の現政権が軸をブレさせないかだ。

中国の加盟申請に対して「中国と加盟交渉ぐらいはすべきだ」と、一見もっともらしい意見が出てきそうだ。しかし、これは脇が甘く危険だ。なぜか。

加盟交渉の入り口が勝負

加盟プロセスは2段階の決定を経る。第1段階は加盟交渉を開始するかどうかの決定、第2段階は加盟を承認する決定だ。

焦点は第1段階の入り口だ。中国は加盟交渉に入りさえすれば加盟国を各個撃破できるとにらんでいる。巨大な中国市場を餌にすれば、例外措置で高いハードルを下げさせられると高をくくっている。あるいは、01年の世界貿易機関（WTO）加盟時と同様に、改革約束の〝空手形〟でも出すつもりだろうか。入り口で甘くすると中国の思うつぼだ。

まず入り口でルールを順守するかどうかを厳しく見極めることが不可欠だ。英国の加盟交渉開始においても、TPPのルールを〝丸のみ〟することを明らかにした。しかし経済統制を強める中国がこうした条件を満たしていないのは明らかだ。

いくつも問題ある中で、あえて1つを挙げれば、TPPは国有企業に対して補助金などでの優遇を禁じているが、中国は「国進民退」の号令の下、国有企業への優遇をむしろ強化している。

しかし加盟国も一枚岩でない。中国からの働きかけで、シンガポール、マレーシアなど基準を下げてでも中国の加盟に前向きな国もある。カギは議長国で、25年の議長国・オーストラリアに対して中国は貿易制裁を解除して、支持を求めている。翌年はベトナムが続く。中国はしたたかにタイミングを計っている。

TPPは日本の立ち位置である「ルールによる国際秩序」の重要な柱だ。TPPの高い水準を堅持すべきであるのは当然だ。中国に対してハードルを下げるとTPPの〞骨抜き〟につながりかねない。中国は中国市場を餌に揺さぶりをかけてくるだろう。政権の対中姿勢が問われる。日本の舵《かじ》取りが世界の秩序づくりを左右すると言っても過言ではない。

日本の対中政策で抱える課題

日中の関係改善を掲げる中で「中国を刺激したくない」との姿勢が優先して、日本が経済安保の課題に手付かずになってはいけない。課題は山積だ。

経済的威圧に対抗できるのか

1つ例を挙げよう。経済安保の重要な柱である、中国による経済的威圧への対処だ。G7はこの問題に対して「共同での行動」へと踏みだした。

具体的な行動は2つある。第1に標的となった国を支援すること、そして第2に自国への経済的威圧に対して対抗措置を講じることだ。中国のような経済大国に対して1カ国では中国の経済力に対抗できないからこそ、共同での対処が必要となる。

対抗措置についてはEUも米国も当然そうした手段を持っているが、G7の中で唯一、持ち合わせていないのが日本だ。そもそも丸腰のままでは経済的威圧の標的になりやすい。及び腰の理由は「中国を刺激したくない」とのことのようだが、防衛における反撃能力と同様で、これはあくまでも「抑止力」のために当然有するべき制度だ。

経済安保の備えも強化を

技術の流出を阻止するために、輸出管理や投資審査についても強化されたが、まだ途上だ。

輸出管理については技術を管理する新たな取り組みが24年12月からスタートしたことは第2章で紹介したとおりだ。輸出管理は明らかに新たな時代に入った。

投資審査については20年に強化されたものの、その〝抜け穴〟も露呈した。そのきっかけになったのが**「楽天・テンセント問題」**であった。その内容はコラムで紹介しよう。中国政府との関係で個人情報の扱いで懸念がある企業が、通信や金融など日本の安全保障上重要な個人情報やデータを握る企業に出資する。そうした安全保障上の懸念が生じる事態に有効に対処できていなかったのだ。

私は早急に強化すべきと指摘し続けてきて、4年たった最近になってやっと政府は重い腰を上げた。

企業に対応迫る、「サプライチェーンの中国依存のリスク」

それでは企業が中国にどう向き合うのかに目を転じてみよう。まず代表的な自動車産業で起こった「中国依存のリスク」を取り上げよう。

日産自動車は、新型コロナウイルスの感染拡大で中国からの部品が調達しにくくなったとして九州の完成車工場の一時停止を決めた。中国の完成車工場が停止するだけでなく、中国のサプライチェーンの停滞が日本での自動車生産にも影響を及ぼすことを知らしめた。自動車部品は中国への輸出が輸入の倍以上あるが、輸入が着実に増えているのも事実だ。自動車部品の輸入は今では中国製が最も多く、輸入部品の約3分の1を占めている。

問題は、中国に依存しているのがどんな部品かだ。安全に関わるエアバッグやブレーキをはじめ認証を得る必要がある部品が意外と多い。こうした安全に関わる部品のサプライヤーを中国企業から変更しようと思っても、認証を得る必要があるため時間がかかり簡単には代替できない。日本で使用する中国製自動車部品のうち、半数以上に認証が必要だという。一部でも代替が困難になると、日本での自動車生産が停止する問題が起きる可能性があることには注意を要する。
自動車メーカーは垂直統合型のサプライチェーンを日本国内だけでなく、東南アジアのタイをはじめグローバルに形成してきた。

世界最大の市場である中国でも自動車の生産を始めるに当たって、日系の部品メーカーも一緒に進出させたり現地の部品メーカーを育てたりして、広州市、武漢市などにおいてピラミッド構造のサプライチェーンをつくり出してきた。そして中国の部品工場の技術力が上がり、低コストで高品質な部品を生産できるようになっていった。その結果、例えば、武漢での自動車部品の現地調達率は9割にも達している。

さらにもう1つ、自動車メーカーが取り組んだのがグローバルな部品の共通化だ。品質、価格でベストな自動車部品に絞って、それをグローバルに使って生産するのだ。こうして中国製部品が中国での完成車だけでなく、他地域の完成車にも使われるようになったのだ。しかし気が付けば中国依存が進んでいるのだ。

日産の九州工場で影響が最初に顕在化したのは、かつてのゴーン改革のコストカットの効率を重視した経営に大きく舵を切った帰結だともいえる。重要部品であっても中国の1社に依存することが効率の上で得策だとの判断もあるだろう。しかしコロナ禍で真っ先に打撃を受けたのは自然なことだった。

グローバル化の進展で効率重視に追い込まれ、中国依存のリスクが高くなっていた。どうバランスを取るかということこそが経営の本質的な判断だ。

サプライチェーンの見直しを迫られる日本企業

新型コロナウイルス感染症のような疫病や米中の覇権争いによる分断、世界の供給量の半分を中国に依存するレアアース（希土類）、工場を停止に追い込む地方政府の環境規制など、中国には様々なリスクがある。その一方で、中国は世界最大級の市場であり、工業製品や衣料品などのサプライチェーンの中核をなす存在だ。

中国の企業活動の影響があらゆる産業に及ぶ中、企業は中国における地政学リスクをもっと精緻に分析しなければならない状況になった。そのリスクによるダメージを最小限に抑え、レジリエンス（復元力）を高めることを今まで以上に重視すべきだろう。

大地震などの経験を経て、大企業の4分の3は事業継続計画（ＢＣＰ）を策定している。しかし、米中対立のような地政学リスクは従来型のＢＣＰだけでは対応できない。こうした新たな状況を踏まえたリスクを織り込んで柔軟に変化に対応できるよう、抜本的に見直さなければならない。

もう1つはトランプ関税の影響だ。中国に生産拠点も持ち、米国に製品輸出している日本企業は深刻だ。トランプ大統領による制裁関税の発動により中国から他のアジア諸国に生産拠点を移管する動きを招き、サプライチェーン再編の波が押し寄せることも当然予想される。膨大なコスト、時間、人員を要するだけに極めて難しい経営判断を迫られる。

同時に第2章で見たように、中国による「経済の武器化」がどういう物資にどう影響するかを把握することも大切だ。

これらはトランプ大統領同様、予測不可能だ。そうしたリスクに対して企業はコスト増でもリスクを分散して柔軟に対応できるように手を打つしかない。そのためにはまず自社の「リスクの見える化」に取り組むべきだろう。

企業の現場では事業部門ごとに中国依存度を調査するところも多い。しかし調達先によって情報開示の姿勢も異なり、壁に突き当たることも多い。2次、3次とサプライチェーンを遡らなければ本当のリスクはつかめないが、難易度は極めて高い。そこで、ネット上に公開されている膨大な公開情報をAIを使って、サプライチェーンのリスクを分析するサービスを提供する企業も現れている。こうしたサービスも必要に応じて活用しながら、まずリスクを経営者自身が把握することが不可欠な時代になってきた。

Column

規制の〝抜け穴〟が露呈した「楽天・テンセント問題」

外国為替および外国貿易法（外為法）の投資規制の〝抜け穴〟が露呈したのが21年3月の「楽天・テンセント問題」だ。そして4年近くたった25年1月末、やっと日本政府は重い腰を上げて制度改正に踏み切ることを公表した。この問題は日経ビジネス電子版の連載で指摘して、多くの反響をいただいたことが契機になっている。

簡単に経緯を振り返ろう。

21年3月12日、楽天は中国ネット大手の騰訊控股（テンセント）子会社からの657億円（3・65％）の出資を受け入れると発表した。

これに私が深刻な懸念を指摘した。ポイントはこうだ。

①そもそもテンセントは米国などから中国政府との結び付きが指摘され、顧客の

個人データが利用される強い懸念を持たれている。

②楽天は安全保障上、重要な通信事業者であるだけでなく、膨大な個人情報などを有している。

従って、これは日本の経済安全保障にも関わる重大な問題であるにもかかわらず、外為法の規制には〝抜け穴〟がある。

なぜ外為法の規制の〝抜け穴〟なのか。

19年秋、日本は外為法を改正して投資規制を強化、20年6月から新規制を施行した。中国への危機感を持った米欧に出遅れて、重い腰を上げたのだ。外国企業が原子力や通信などの安全保障に重要な業種「コア（中核）業種」において、国内企業の株式を1％以上取得するときには事前の審査付きの届け出を必要とすることになっていた。

ところが強化されたはずの外為法でも、外国企業が「経営に関与しない」など一定の条件を満たすと自己判断すれば、届け出義務が免除される。テンセントはこのルールを利用したのだ。

テンセントは当時、米国が警戒を強めていた中国企業だ。テンセントについては、第1期トランプ政権末期、人気アプリ「ＷｅＣｈａｔ（ウィーチャット）」に関し、ＴｉｋＴｏｋと同様に安全保障上の懸念が持ち上がった。米国顧客の個人情報が中国政府に流出するとの疑念が背景にあった。しかも中国は17年に国家情報法を制定しており、中国企業には共産党政権の求めに応じて、情報提供などに協力する義務がある。

個人情報の扱いで懸念される企業が、通信や金融など個人情報やデータを握る楽天に出資する。本件は「安全保障上重要な通信事業をしている楽天」と「中国政府との関係で懸念のあるテンセント」という組み合わせで、安全保障上の懸念は当然だろう。

楽天は問題を指摘されて、説明を一転させた。

当初は、テンセントとの事業提携も追求するとして協業に胸を張っていた。ところが問題視されると一転、「テンセントは経営に関与しない『純投資』が目的」と主張を変えた。

案の定、米国から日本政府にも問い合わせがあった。日米首脳会談が間近に予定されており、財務省は急きょ対応に奔走せざるを得なかった。

総理訪米直前の21年4月、事前届け出がなくても「事後に報告」を受けて、「監視する」との報道が出た。法律の不備を取り繕う、財務省の〝苦肉の策〟だ。

取りあえず日本政府はしのいだ。しかし、これは〝弥縫《びほう》策〟に過ぎない。今後も同様の〝楽天問題〟が起こる可能性は十分ある。その後も、私は本来の事前届け出制で対応するよう制度を根本的に補強すべきだと訴え続けた。

少なくとも国家情報法のような法制度がある国に対しては〝抜け穴〟はふさぐべきだ。党も動き出した。24年、自民党の経済安保推進本部（甘利明本部長）において取り上げ、やっと政府も重い腰を上げた。

25年春に改正すると公表した制度では、国家情報法のような法律がある国から「コア業種」に投資する場合には、すべて審査付きの事前届け出が必要とした。重要な一歩だ（ただし問題点も残ってはいるが、専門的になるのでここでは省略しよう）。

明らかな脅威に関して、制度の不備を指摘されても、なかなか認めず役所の面子で強弁する。そして4年たって、やっと制度改正する。その間も事態は進行している。危機感の欠如は明らかだ。

Column

「ドイツは対中融和」と即断は禁物

日本の中国との向き合い方を議論する時に、引き合いに出されるのがドイツだ。ドイツは対中融和で、ビジネスでうまくやっていると評する人もいる。果たしてそうなのだろうか。

ドイツにとって中国は2016年以降、最大の貿易相手国だ。ドイツ企業の対中投資は欧州の対中投資の約3分の1を占めている。とりわけフォルクスワーゲン（VW）、ダイムラー、BMW、BASFの4社が突出している。メルケル前首相は在任15年の間に12回も訪中して、毎年のように中国首脳と会談していた。これは西側諸国の首脳としては突出した頻度だ。他方で、EUでは中国の強権政治への反発から、中国に配慮したメルケル発言には批判が高まった。

オラフ・ショルツ首相も企業を引き連れて訪中している。しかしショルツ首相の訪中だけを見て、ドイツは対中融和だと見るのは早計だ。

中国の人権侵害や経済的威圧に対して、主要7カ国（G7）で厳しい姿勢を牽《けん》引《いん》しているのもドイツだ。

ドイツは中国への新規投資に突き進むわけではない。訪中に同行した企業は長年、中国に投資してきて、すでに対中依存度が高くなってしまった自動車産業や化学産業の大企業だ。もはや〝足抜け〟ができず、現状維持の更新投資が多い。これまでの経済的利益を確保するのが関の山だ。また近年、中国への警戒感から中国市場に新規参入する欧州企業はほとんどないという。

〝The Chosen Few（選ばれた少数者）〟

これは人気音楽グループの名前を使って、中国投資をしているのは限られたドイツ大企業数社であることを表現したものだ。

ちなみに長年の対中投資の結果、フォルクスワーゲンの対中依存度は40％近く、化学大手のＢＡＳＦは15％にも上る。

しかしその結果、ドイツ国内では人員削減、工場閉鎖の危機に直面して苦悩しているのだ。

第6章

「日本が進むべき道」とは

国際連携の結節点を目指して

「米国第一」のトランプ政権を再び迎えて、日本は独自の戦略を自ら考え抜かなければならない時代になった。それは自らの強みを認識することから始まる。米中という2つの超大国が「力による国際秩序」を推し進める中、日本はその狭間にあるミドルパワーの国として、その強みをどう生かすのか。その解は、同じように国際協調を必要とする国々と連携することではないだろうか。

日本はそうした国際連携の結節点になる気概と取り組みが問われるが、日本が関係を築くべき国・地域として、次の3つを挙げる。

①トランプ政権になると米欧対立の再来が懸念される。日本は米欧の間の橋渡し役として欧州との連携が重要になる。また近時、対中姿勢を大きく変化させている欧州との対中国での連携もカギとなる。

②米中双方の綱引きの中でグローバルサウスの取り込みも重要だ。そのカギになるのが脱炭素と経済安全保障での協力だ。日本はそうした「国際連携の結節点」を目指すべきだ。これは日本企業の海外展開という実ビジネスにも直結する。

③日韓関係改善の矢先に突然の政治的混乱に陥った韓国。今後の東アジア情勢は岐路に立たされている。ポスト尹（ユン）政権の韓国との向き合い方が懸念される。

本章では欧州、グローバルサウス、韓国との関係構築（Ⅰ）について論じた後、日本が果たすべき役割、国際秩序づくり（Ⅱ）について考えていく。

Ⅰ 有志国との仲間づくり ～欧州・グローバルサウス・韓国～

欧州

第1期トランプ政権下で貿易戦争を仕掛けられた欧州は再び米欧対立に身構えている。

2020年3月、欧州委員会は新産業戦略を発表し、そこでは「戦略的自律性」を打ち出した。米中対立の中で、欧州は「自律性」を明確にしたのだ。さらに6月、欧州連合（EU）の外相であるボレル外務・安全保障政策上級代表（当時）は「EUはフランク・シナトラの『Ｍｙ ｗａｙ』のように我が道を行く」という解説付きで、「シナトラ・ドクトリン」を表明した。ただし「多国間の有志国との協力も含めて」と付け加えていたことも見逃してはならない。

第2期トランプ政権を迎えてどうだろうか。

「米国は欧州に貿易で3500億ドルもの赤字を出し、軍事面で支援してきた。これは持続可能ではない」

トランプ大統領は選挙期間中も欧州には厳しい言葉を浴びせていた。欧州はトランプ大統領とは協調的な行動が取れない状況に直面する覚悟もしているようだ。トランプ関税による打撃、米国産農産物の輸入拡大による農家の反発など日本と共通の火種を抱えている。欧州委員会のフォンデアライエン委員長は早速、米国からのLNG調達の拡大を示唆してカードを切っている。

対中政策では最近の欧州も対中警戒感を高めて、大きく方向転換している。

23年6月、欧州連合（EU）は中国依存脱却によるデリスキング（リスク低減）などを内容とする「経済安全保障戦略」を明らかにした。中国の過剰生産能力が「中国の戦略の一環」であるとし、一方的な中国依存は欧州の競争力だけでなく経済安全保障も危うくするとしている。

24年9月、ドラギ欧州中央銀行（ＥＣＢ）前総裁は「欧州の競争力の未来」と題する報告書を発表した。今後の欧州委員会の政策を占う上で重要な報告書とされている。その中でも経済安全保障は重要政策の柱としており、中国への依存度低減を明確に打ち出している。


そうした欧州と、日本は連携を進めようとしている。

18年、日本とＥＵは「経済連携協定（ＥＰＡ）」を締結して、貿易投資など経済面での協力を進めた。これは第1期トランプ政権の保護主義に対応するために長年膠着していた交渉を加速した結果であった。

さらに24年11月、「安全保障・防衛パートナーシップ」を結んで、連携を安全保障や防衛装備品の共同研究・開発やサイバーにまで広げている。

英国との間でも米国と同様に、「経済版2プラス2」を新設することになった。メディアではトランプ政権の再登場に対して日英が連携するのが狙いだと報じられているが、そうではない。それ以前からこの話は進められており、中国を念頭に置いた経済安全保障も大きなテーマなのだ。英国はＴＰＰにも24年に参加しただけに、対中国の観点でも日本が連携する重要なプレーヤーだ。

フランスでも総選挙でマクロン大統領率いる与党連合が改選前議席の3分の1を失った。ドイツもショルツ連立政権は崩壊して、25年2月に総選挙が行われる。英国でも労働党が14年ぶりの政権交代を実現させた。中・東欧では極右の台頭が顕著だ。

こうして欧州各国では軒並み国内政治が不安定になり、脆弱な体制になっている。そこに来て強力なトランプ政権が誕生したのだ。欧州には向き合うことができるか不安が漂っており、中国が秋波を送っている。

今後こうした欧州と日本がどう連携するか、米中双方に向き合う上で戦略的に重要になる。

グローバルサウスの取り組みこそ日本の役割

トランプ政権の第1期と第2期との間で世界の大きな構造変化、力のシフトが生じている。グローバルサウスと呼ばれる新興国・発展途上国の台頭だ。これらの国々は世界の成長市場でもあり、資源国でもある。ウクライナ侵攻に伴うロシアへの経済制裁でも西側諸国にも中ロにもくみしないグローバルサウスの存在が注目された。

BRICSの台頭

米欧と対立する中ロはブラジル、ロシア、インド、中国、南アフリカによるBRICSを拡大して、西側諸国を牽制《けんせい》する。24年1月にはイラン、エジプトなど4カ国が新たに加盟。招待国を含めて36カ国が首脳会議に参加して、西側諸国に衝撃が走った。その中にはタイ、マレーシア、インドネシア、ベトナムなどのアジア諸国が入っていた。取り込みを狙って新設された「パートナー国」制度にはタイやトルコ、インドネシアのように欧米とも親密な関係を持つ国もあり、経済的な実利を期待しての加盟であることがうかがえる。一皮むけば一枚岩ではないのだ。

日本は「信頼できる調整役」

トランプ政権の返り咲きにおいて日本の役割として重要になるのがグローバルサウス対策だ。かつてトランプ大統領は戦略的に重要なアジアでの国際会議を欠席する「アジア軽視」が見られた。アジアの国々には米国とりわけトランプ政権への不信感が漂っている。その空白を埋める役割を果たせるのが日本だ。

日本は過剰に自虐的であるので、自国の強みに気づいていない。17年にトランプ政権がTPPから離脱した後、日本は加盟国間の調整に奔走して、「環太平洋パートナーシップに関する包括的及び先進的な協定（CPTPP）」にまとめ上げた。その際、加盟国の間では日本に対して「信頼できる調整役」との評価が定着したのだ。これは大きな財産だ。この財産を大いに生かすべきだろう。

日米比の協力

岸田首相（当時）の訪米時に、日米比の3カ国首脳会談を行ったのはそうした布石だ。そのフィリピンを例に取り上げよう。

まず防衛面では、日米比3カ国の協力という面的広がりを持った取り組みだ。中国が海洋進出を強める中、米国は海洋秩序を守る上でフィリピンを重視している。3カ国の枠組みに参加する日本が、中国への抑止力を高めるのはグローバルパートナーとしては当然だ。さらに南シナ海での海上保安機関による合同訓練やフィリピン軍への日米による側面支援も合意に至った。

こうした防衛面での協力とともに日本の役割が期待されるのが非軍事での経済安全保障だ。

例えば、フィリピンはニッケルの主要生産国であり、日米比3カ国で重要鉱物の供給網を強化することにも合意した。これは経済安全保障上、重要だ。

次世代通信での日米比の協力にも注目すべきだ。西側諸国は、中国の通信機器メーカー大手の華為技術（ファーウェイ）による通信網を安全保障上の懸念から事実上、排除している。しかし「グローバルサウス」と呼ばれる新興・発展途上国を見ると様相が異なる。中国は一帯一路を活用してデジタルシルクロード構想を展開し、ファーウェイ製のものが広く浸透している。

こうした事態を巻き返すべく、ＮＴＴドコモが中心になって日米企業による国際連携で主導するのが次世代の通信技術「オープンＲＡＮ（ラン）」だ。これをフィリピンで試験的に導入する計画を日米が支援している。経済安全保障面で日米が連携して東南アジア諸国に働きかける戦略の重要な試金石といえる。先般の日米首脳会議の共同声明にも盛り込まれており、トランプ政権でも引き継がれることは重要だ。

こうしたグローバルサウスを取り込んだプロジェクトを主導することこそ、グローバルパートナーとしての日本に期待される役割だ。

その代表的な分野が経済安全保障と脱炭素だ。その関連でトランプ政権が脱退した後のインド太平洋経済枠組み（ＩＰＥＦ）が今後どうなるか、「ポストＩＰＥＦ」も取り上げよう。

掲げる旗印は「貿易の自由化」ではなく「経済安全保障」

まずＩＰＥＦ、日米豪印４カ国の枠組み（Ｑｕａｄ、クアッド）という一連の国際的な枠組みの全体を俯瞰《ふかん》してみよう。

まず国際経済秩序のキーワードがこれまでの「貿易の自由化」から「経済安全保障」へとシフトしている。これまで冷戦後のグローバリゼーションを支えてきたのは、「貿易の自由化」を旗印とした国際秩序であった。世界貿易機関（ＷＴＯ）がその典型で、ＣＰＴＰＰもそうした一環だ。

ところが米中対立で大国によるパワーゲームの世界に突入して、今や国際秩序は「貿易の自由化」から「経済安全保障」を軸とするものに代わりつつある。クアッドもＩＰＥＦも「供給網の強化」といった経済安全保障が参加国をつなぎ留める〝接着剤〟となっている。

クアッドの最優先の目的はインドをつなぎ留めることだった。戦略的自律を志向するインドに配慮して、安全保障の協力までは突っ込めない。貿易の自由化も駄目、安全保障の協力も駄目、となると接着材は「経済安全保障」にならざるを得ない。

日本はインドが関心を示す次世代通信網（５Ｇ）や半導体の供給網、サイバーセキュリティーの協力など経済安全保障のメニューを用意して、インドの取り込みに腐心した。

これに対して中国は、インドに接近してクアッドの分断を図ろうとしている。24年10月、中印は5年ぶりに会談して国境紛争を棚上げするなど緊張緩和を図った。インドのクアッドへのつなぎ止めは正念場を迎えている。

トランプ政権が発足して、早急にクアッド外相会合を開催したのもそうした危機感からだ。トランプ大統領自身は関心がなくても、首脳会談の共同声明で盛り込んで、ピン止めする努力もしている。

IPEFも経済安保の枠組みの1つ

IPEFも経済安全保障の国際枠組みの1つだ。残念ながらバイデン政権自身がそれを自覚していたかは分からない。大事なことは、米中対立であるからこそ、クアッドもIPEFも日本が主導していくべきプレーヤーであるということだ。

「死に体」IPEFで、日本の出番

バイデン政権が鳴り物入りでスタートさせたIPEFからもトランプ政権は脱退するだ

ろう。ＩＰＥＦを提唱した米国自身が抜けて、ＩＰＥＦは〝死に体〟になるのだろうか。かつて米国がＴＰＰを脱退した後、日本はアジアの参加国の間を調整し、取りまとめてＣＰＴＰＰに仕上げた手腕は大いに評価された。

まずＩＰＥＦの内実を見てみよう。

米国主導によるＩＰＥＦについて、私は当初からその〝お寒い内情〟を指摘していた。ＩＰＥＦは「ＴＰＰに代わる新経済圏」との触れ込みは明らかに誇大広告だった。米国は21年末、ＩＰＥＦを提唱した。そもそもこの構想は、ＴＰＰに戻る選択肢がないバイデン政権が、「中国の攻勢への対抗策がなく、手をこまねいているだけ」と米議会から厳しく批判されて、苦し紛れに出してきた構想だった。

立ち上げ当初から懸念されていたのは〝目玉となる実利〟がないことだった。ＡＳＥＡＮ各国に打診しても、芳しい反応もなかった。もともとアジアの国々にとって何が魅力的なのか、不明だから当然だ。ＴＰＰと違って、当初から米国は関税引き下げによる貿易の自由化は国内雇用を奪うものとして国内政治の観点から排除していた。米国内の世論は「自由貿易こそ自分たちの雇用を奪う諸悪の根源だ」と貿易の自由化への反発が根深い。

アジアの国々にとって、参加しても巨大な米国市場への輸出増を期待できないのでは魅力的ではない。

だが成長著しいアジアの新興国を交渉相手に何とかつなぎ留めるためには、それに代わる経済的な〝実利〟を示す必要があるバイデン政権は知恵出しを日本に頼った。お寒い内情は分かった上で、日本は米国にアジアへ関与させることは不可欠だとの戦略的判断で汗をかくことにした。

薄氷のIPEF、具体的中身は日本頼み

交渉のテーマにしたのが貿易、供給網の強化、クリーン経済、公正な経済の4分野だ。そのうちアジアの新興国をつなぎ留めるために意味があるのは、「クリーン経済」と「供給網の強化」だった。実利をつくり上げる上でカギになるからだ。

「クリーン経済」は要するに脱炭素のためのインフラ投資を支援するものだ。

アジアの国々の多くは当面は化石燃料に依存せざるを得ず、一足飛びに再生可能エネルギーにシフトすることは無理だ。それまでの「移行期」にはアンモニアや水素などを活用しながら現実的な対応でつないでいくことが必要だ。そうした投資を支援しようというもので、旗振り役は日本だ。この日本の考えには多くのアジアの国々が賛同している。

そこで新興国における水素など脱炭素化の事業に対する支援をするために日米豪が3000万ドル（約45億円）規模を拠出する基金を創設することとした。これは日本がすでに単独でやろうとしていた取り組みであったが、これに米国、オーストラリアが相乗りしてIPEFの成果にしたのが実態だ。

さらに具体的な協力の最初のプロジェクトとして「域内水素イニシアチブ」を立ち上げたのも日本だ。今後の検討対象として、バイオ燃料やクリーン電力、持続可能な航空燃料等を候補として挙げている。

「供給網の強化」もアジアの国々に〝実利〟を生み出す上で重要だ。

アジアの新興国は新型コロナウイルスの感染拡大で供給網が寸断する苦い経験をした。そこで半導体や医療物資などで供給の途絶が発生した際に連絡体制を通じて支援を要請し、他の参加国は具体的な協力を検討する。ただし当面は情報交換などにとどまり、将来、協力が具体化するかは不透明だ。

自国がどういう重要物資でどれだけ中国依存しているかの実態さえつかんでいない国も多いのが現状だ。そうした供給網のリスクについて共通認識さえもないので、そこから始めるのだ。

こうした戦略物資の「供給網の強化」において焦点になるのが、やはり米中対立の主戦場・半導体だ。半導体生産を手掛ける国は日本や韓国、台湾だけではない。シンガポールやマレーシアにも最先端ではないにしても汎用のレガシー半導体の生産拠点がある。特にマレーシアは労働集約的な後工程を受け持っている。コロナ禍ではマレーシアでの生産停止の影響は広く及んだ。そこで戦略物資のデータの国際連携を進めることによって供給途絶のリスクに共同で対処しようという構想を立てている。

これも日本がアジアの国々とすでに取り組んでいるプロジェクトをベースにしたもので、IPEFの仕組みに仕立て直したものだ。日本がすでに具体的な政策としてアジアの国々にも打ち出しているものを成果にしている。

日本企業のビジネスチャンスに

他方でその他の項目はバイデン政権の独りよがりでお粗末な結果に終わっているので、ここでは省略しよう。要するに、アジアの国々は米国による「ルールの押し付け」には極めて冷ややかだ。

「アジアの国に対して中国は港を造り、米国は説教をする」

こう揶揄《やゆ》される始末だ。

メディアの報道で誤解を招きかねないのが、IPEFを「中国依存の脱却」と報じていることだ。交渉に参加しているアジアの新興国は中国への対抗色が出ることを嫌った。中国への対抗色が前面に出て、米中の間で〝踏み絵〟を踏まされることをことのほか嫌う。日米には「中国依存の脱却」との思惑があっても、アジアの国々との間には意識の乖離《かいり》があるのだ。その結果、脱中国の色彩は消されている。

日本はアジアの新興国における具体的な協力案件を作り出していくことが不可欠だ。それをアジアでの投資などビジネスとして担うのが日本企業だ。日本企業にとってもビジネスチャンスとなる。

トランプ政権が離脱して、その「内向き姿勢」をほくそ笑むのは中国だ。新興国も様子見の中で、「ポストIPEF」の命運は日本に懸かっている。

脱炭素でアジアを取り込む戦略

グローバルサウスとの連携で、もう1つ重要な柱になるのが脱炭素だ。当面は化石燃料に頼らざるを得ないグローバルサウスは、「化石燃料からの脱却」一辺倒の欧米に反発する。日本はグローバルサウスに寄り添って技術と資金で支援して多様なアプローチを志向する。

気候変動に関する国際枠組みであるCOPが目指すのは50年までに温暖化ガス排出を実質ゼロにする「ネットゼロ目標」だ。それに向けての争点は、石油・石炭・天然ガスなどの化石燃料の扱いで、化石燃料全体の削減に照準が合わせられた。「化石燃料からの脱却」という形で決着したものの、欧米の急進的な要求は「化石燃料の段階的廃止」であった。

しかしこうした欧米の物差しだけで見るのは要注意だ。日本のメディアもこれに大きく影響されて、「化石燃料」を悪者にする報道が横行する。そもそも目的と手段を履き違えている。脱炭素が目的にもかかわらず、手段の1つに過ぎない化石燃料の削減を目的化しているのだ。

欧米の環境原理主義への反発

急進的な欧米流の「化石燃料の段階的廃止」論には、世界のエネルギー供給の約8割を化石燃料に依存している現実を無視しているとの批判も根強い。多くの発展途上国(島しょ国を除く)が欧米への不信感を強める結果を招いている。

ロシアのウクライナ侵攻による石油、天然ガスの需給逼迫で価格は上昇し、発展途上国にとって大きな打撃となった。しかも欧米はエネルギー危機にもかかわらず、今後の化石燃料への投資を排除するよう主張して需給逼迫を助長した。

特に石炭から天然ガスへの転換をしようとしていたアジアの発展途上国にとって深刻だ。他方で足元では中東諸国に原油やＬＮＧ（液化天然ガス）の増産要請をして自らは買いあさる。こうした欧米の身勝手さは反発も招いているのだ。

この状況をほくそ笑んでいるのが中国だ。

再生可能エネルギーを3倍にすることによって中国は太陽光パネル、風力発電機、蓄電池、電気自動車（ＥＶ）の輸出で潤う。しかもクリーンエネルギーに不可欠な重要鉱物で中国に依存せざるを得ない。日米欧が自ら手足を縛って石炭火力の輸出を停止する中、中国が発展途上国への石炭火力の輸出を一帯一路を通じて行っている。欧米が化石燃料悪者論を展開することに反発する中東産油国を中国に引き寄せることもできる。

単純な環境原理主義が多面的な国際秩序を無視して、むしろ地政学的にマイナスに働いている。

ＡＳＥＡＮへの戦略的アプローチ

東南アジア諸国連合（ＡＳＥＡＮ）の国々の反発も根深い。ＡＳＥＡＮの多くの国は、カーボンニュートラル実現を表明するも、電力の大半を石炭・天然ガスの火力発電に依存している。ASEANの電力量は、過去10年で約2倍となり、今後30年で約3倍に増加する見込みだ。電力需要が増大する中、一足飛びに火力発電を廃止することは非現実的であり、各国の実情に応じて、多様な道筋の下、様々な技術を活用して、着実に脱炭素を進める必要があるのだ。

こうした実情を踏まえ、日本は22年にASEANなどに**「アジア・ゼロエミッション共同体（AZEC）」構想**を提唱した。脱炭素に向けて同じ課題を抱えている日本が技術と資金の支援を通じてアジアの脱炭素に協力することを目指している。

23年から日豪ASEANによる閣僚会議、首脳会議がスタートした。合意された基本原則は2点だ。

第1に経済成長、エネルギー安全保障と両立する形で脱炭素化を進めること。第2に脱炭素という共通のゴールに対して、達成する道筋は各国の実情に応じて多様かつ現実的であることだ。

「新植民地主義」

これは米国の著名な経済学者であるダニエル・ヤーギン氏が首脳会議に有識者として参加して、欧州に対して発した厳しい批判の言葉だ。

現在ＡＺＥＣのパートナー国では３５０件以上のエネルギー分野を中心とした協力プロジェクトが進行している。いずれも日本企業の技術を生かした、アジアにおける産業の脱炭素化がポイントだ。日本企業にとって海外展開のビジネスチャンスでもある。

例えば、グリーン水素製造による食品の熱処理工程の脱炭素実証、アンモニア専焼ガスタービンを用いた商用利用、ガス火力のアンモニア燃料活用に向けた可能性、バイオメタン供給事業の詳細検討、ＣＣＳ（CO_2の回収・貯留）バリューチェーン構築に向けた事業性調査など多岐にわたる。

アジアでの長年の日本企業の蓄積は大きな財産だ。それをベースに具体的なプロジェクトを仕掛けていることを見逃してはならない。過剰に自虐的であることからは将来ビジョンを描けない。

韓国「ポスト尹政権」の〝冬の時代〟に備えよ

韓国の尹錫悦（ユン・ソンニョル）大統領による約50年ぶりの衝撃的な戒厳令と即座の解除。突然の〝乱心〟とも思える行動で一挙に韓国政治は混迷している。韓国国会の弾劾決議の成立、尹大統領の身柄拘束、逮捕など、政治的混乱はさらに続いている。日韓関係の改善に努めてきた尹大統領だけに日本にも激震が走っている。

左派への政権交代が現実味

大統領選挙が実施されれば、国会で過半数を握る最大野党「共に民主党」の李在明（イ・ジェミョン）代表が勝利する可能性も高い。左派政権が誕生すると、韓国の外交・安全保障政策に深刻な変化がもたらされる。

「地政学的に大陸勢力（中国、ロシア）と海洋勢力（米国、日本）が衝突する半島に位置する我が国は、自主的で均衡の取れた外交を展開しなければならない」

李氏はこう述べて、バランス外交を提唱している人物だ。

野党から出された弾劾決議案にもこう書かれていた。「(尹大統領は）北朝鮮や中国、ロシアを敵視し、日本中心の奇怪な外交政策を展開することで、北東アジアで孤立を招き、戦争の危機を引き起こし、国家安全保障と国民保護を放棄してきた」

東アジアの安全保障は深刻な事態を迎える。バイデン政権が進めてきた「日米韓の連携」も大きく揺らぐことになる。そもそも米国において「日米韓の連携」に関心がないトランプ政権が復活することも逆風だが、これで決定的な危機を迎える。北朝鮮と中国への抑止力は弱まりかねない。

米国にとっても実は深刻な事態だ。

第一に韓国の半導体産業の行方だ。

22年5月、米国は韓国との首脳会談で「半導体の供給網の強化」を打ち出し、韓国を取り込もうとした。バイデン大統領（当時）が訪韓時、サムスン電子の半導体工場を視察するなど、半導体は米韓の経済安保協力の象徴にもなった。米韓関係の重視を掲げる韓国の尹大統領も「半導体が韓米同盟の中心」と応えた。

これに対して、中国も「デカップリング（分断）に反対」と韓国を強く牽制して、韓国企業の取り込みに躍起になっている。韓国にとって中国は半導体輸出の6割を占める。サムスン電子は長期記憶用（NAND）メモリー半導体の約4割を中国・西安工場で生産し、SKハイニックスはDRAM半導体生産の5割近くを中国工場が担う。

第二は韓国の造船業だ。すでに紹介したように、トランプ氏の大統領選当選直後の電話会談でトランプ氏は尹大統領に米艦船の補修などで韓国の造船業の協力を要請した。仮に韓国の次期政権が親中路線に舵《かじ》を切れば、世界の造船業のシェアにおいて中国は50％、韓国は30％で、合わせて80％を占めることになる。米国の造船業が〝風前のともしび〟であり、米国艦船の建造・補修といった安全保障面でも深刻な事態を迎える。

日韓関係は「冬の時代」に逆戻りか

日本も日韓関係が「冬の時代」に再び逆戻りする覚悟と備えが必要になる。韓国野党は尹大統領の対日政策を厳しく批判しており、日韓関係の改善の流れは逆戻りする可能性が高くなった。23年3月、尹政権はいわゆる元徴用工訴訟問題で解決策を発表し、日韓の軍事情報包括保護協定（GSOMIA）も正常化させた。こうした日韓関係を正常化させた問題をまた蒸し返されることも懸念される。

問題は政治、安全保障だけではない。日本企業にとっても悪影響が懸念され、備えが必要となる。同盟国・同志国とのサプライチェーン（供給網）の連携・強化といった経済安全保障にも大きな影響を及ぼすからだ。

米中間で〝股裂き〟の韓国半導体

とりわけ韓国は米中対立の主戦場である戦略産業の半導体でカギを握るプレーヤーだ。韓国の半導体産業の対中依存度は極めて高い。韓国は半導体輸出の4割が中国向けだ。そしてサムスン電子は中国・西安市に3兆円超の投資をしてNANDフラッシュメモリーの40％を生産している。またSKハイニックスは無錫市や大連市などでDRAMの40％、NANDフラッシュメモリーの20％を生産している。すでに中国市場への依存度は高く、もはや〝足抜け〟できないほど深入りしている状況だ。

一方、米国はバイデン政権下で中国を念頭に、半導体分野で日、米、韓、台湾の4カ国・地域で供給網の連携を行う「CHIP（チップ）4」を進めてきた。韓国のサムスン電子は米テキサス州に巨額補助を得て、先端ロジック半導体の工場建設をする予定だ。韓国のＳＫハイニックスも米インディアナ州に生成ＡＩ（人工知能）向け高性能半導体の工場を新設する計画だ。

ただし米国への半導体投資で米国の補助金の支援を受けると、中国工場の更新投資が規制されてしまう、板挟みの状態だ。

そうした中で、バイデン政権は24年12月、中国への半導体の新たな輸出規制を発表した。これに韓国企業では衝撃が走った。第4章でもこの点を紹介している。

この規制は米国の安全保障に影響する中国のＡＩの能力向上を阻止するのが狙いだ。それに不可欠な高性能半導体「広帯域メモリー（ＨＢＭ）」を規制対象にし、中国への供給を遮断しようとする。

ＨＢＭは韓国のＳＫハイニックスとサムスン電子の2社で世界シェアの90％を占めている。米国の措置は米国企業が造るＨＢＭだけでなく、第三国が造るＨＢＭも米国の技術が使われていれば輸出規制の対象となり、韓国企業も米国政府の許可を受けなければならない。

24年9月、日米韓の経済安全保障会議が開催された。韓国は重要プレーヤーであるので、そこでも米国は韓国に対して対中半導体規制への同調を求めている。

しかし今後韓国で政権交代が起これば、韓国は半導体分野における米中間でのスタンスを大きく変化させて、「中国寄り」にシフトすることも懸念される。

日本による輸出管理と半導体協力はどうなる？

日本との半導体協力にも影を落とすことになる。

尹政権になって日韓は関係改善に大きく舵を切った。日本はその一環として、23年4月、韓国を輸出管理の優遇対象国（いわゆる「ホワイト国」）に復帰させ、19年に韓国に対して行った輸出管理の厳格化の措置は4年ぶりに解除して元に戻すこととした。これは韓国が輸出管理を改善して、韓国から中国や北朝鮮へ不適切に技術流出する懸念がなくなったからだとされた。この韓国に対する輸出管理の問題の経緯はコラムで振り返ろう。

日韓の間に刺さっていたトゲが抜けたことを好機に、首脳会談では日韓の「経済安全保障に関する協議の創設」で合意した。狙いは半導体協力だった。そこには日本企業を取り込もうというしたたかな思惑も見え隠れする。

尹政権は23年、ソウル近郊に大規模な半導体クラスター（産業集積）をつくる計画を発表した。サムスン電子による、42年までに300兆ウォン（約31兆円）の大規模な投資を中心にしたもので、半導体工場5拠点を新設するとともに、材料、部品、装置メーカー、ファブレス（半導体設計）、研究開発組織など最大150社を誘致するとする。

その主たるターゲットになるのが日本の装置、材料メーカーなのだ。その取り込みがサムスン電子の今後の競争力のカギになるからだ。TSMCと先端半導体製造でしのぎを削るサムスン電子にとって日本の先端パッケージング技術は魅力的だ。サムスン電子はTSMCの後塵《こうじん》を拝しているだけに焦りもある。

近年、日本の半導体の装置・材料メーカーもこれに応じて韓国への投資拡大など韓国との関係を深めてきている。しかし関係改善一色に流されかねない中でも、私は日本企業には「慎重さも持ちながらの対応」が必要だと指摘していた。

さらに次期韓国政権の対応次第で、またかつての輸出管理問題で指摘された技術流出の懸念が出てくれば、協力どころではなく問題が再燃しかねない。関係改善一色であった当時、警鐘を鳴らしていたことが現実になる恐れが出てきた。韓国の政変は、米中対立の主戦場である半導体のグローバルな供給網も大きく揺さぶることになりそうだ。

また次期政権で反日への揺り戻しがあった場合、どういう事態が懸念されるか。そうした事態に備えるためにも、かつて19年、「日韓関係の冬の時代」に起こった「韓国に対する輸出管理問題」を検証しておくことは重要だ。コラムでそれを振り返ろう。

この問題を取り上げる重要な理由がある。それは情報発信の在り方については今後の教訓を残しているからだ。

日本のメディアの誤解、無理解による〝空騒ぎ〟を真に受けた韓国が過剰反応して、日韓関係が悪化するプロセスだった。これはコラムに書いたとおりだ。また様々な論者から歪《ゆが》んだ憶測も飛び交って摩擦を増幅させていった。こうしたことを振り返って、「成熟した日韓関係」のために教訓にすべきだろう。

当時最大の懸念は韓国の文在寅（ムン・ジェイン）政権の対応だった。明らかに反日をあおって国民に団結を呼びかけ、自らの求心力を高めようと躍起になっていた。徹底した反日で国家的危機をアピールして政権運営する方針だった。文政権の間は日韓の関係改善は望めないと受け止められていた。日韓関係がそうした「冬の時代」に戻る可能性も高まっているだけに、日本からの歪みのない情報発信は重要になる。

Ⅱ 日本が目指すべき国際秩序への貢献

「ナイーブな自由」でなく「公正なルールづくり」を主導

最後に、今後の日本の国際的な役割でますます重要になる「ルールづくり」について触れておこう。

世界は米中両大国によるパワーゲームが激しくなる。米国のトランプ政権は「力による外交」を掲げ、中国の習近平政権は「経済的威圧」を振りかざす。こうした中で日本のような国はルール・ベースの国際秩序の存在が死活問題だ。しかしその屋台骨であった世界貿易機関（ＷＴＯ）はもはや機能不全だ。日本が志向すべきは有志国と国際連携をしながら「ルールづくり」を主導していくことだろう。それができる力量、調整能力がある国はごくごく限られている。実は日本は「誠実な調整役」という国際的な評価を得ている数少ない国であることはすでに指摘したとおりだ。

ではその「ルールづくり」とはどういうものか。

単なる自由貿易だけを掲げて済んでいた平和な時代ではもはやない。経済安全保障が今日、国際的な共通テーマとなってきた理由はそこにある。

だからといって、自由貿易を否定しているわけではない。ただしそれだけでは、市場を歪曲《わいきょく》する不公正な政策・慣行が横行してしまうのだ。念頭にあるのは中国だ。

中国は巨額の国家補助による生産拡大、国産に限定した政府調達、外資からの技術入手を狙う国家標準など市場を歪曲《わいきょく》する政策・慣行を繰り出している。そして不当に安価な製品によってまずは中国市場を押さえた上で、自由貿易を最大限利用して海外市場にあふれ出させ、他国の産業に致命的なダメージを与える。こうして安価な価格を武器に他国を中国に過度に依存させる状況を戦略的につくり出しているのだ。

これらの動きは日本をはじめとして各国共通の重大な懸念だ。

こうした脅威・リスクから守るためには、「自由」一辺倒ではなく、「公正さ」も加味した市場づくりが大事になる。そうした「公正さ」には人権侵害や環境汚染、さらに供給途絶、情報漏洩のリスクなどに対する信頼性などが含まれる。

ただし日本だけで取り組んでも意味がない。巨大市場を持つ米国、欧州といった同志国とさらにはグローバルサウスも巻き込んで、共に国際協調してルールをつくる必要がある。

例えば、具体的な分野としては、重要鉱物、レガシー半導体、医薬品などが挙げられる。これらは中国が過剰生産によるグローバルな支配や他国を中国に依存させることを狙っている分野だ。今後、戦略分野ごとに具体的なルールをつくっていく。それがパワーゲームと対峙する日本の重要な役割ではないだろうか。

Column

誤解だらけの「韓国への輸出管理」問題
〜輸出管理への無理解による〝空騒ぎ〟を検証する〜

この問題も日経ビジネス電子版に寄稿して、反響が大きかったテーマだ。簡単に振り返ってみよう。

韓国への輸出管理に関して、日本の措置は2つあった。

1つ目は半導体材料である3品目について、それまでは一度許可を得れば3年間は申請なしで輸出することができる「包括許可」だったものを、契約ごとに審査・許可する「個別許可」に切り替えた。

2つ目は相手国の輸出管理が信頼できる国々に対しては簡便な手続きで輸出できる、通称「ホワイト国」という優遇措置があるが、韓国をこのホワイト国から除外した。

こうした措置の理由は韓国において3品目が行方不明になるなど、ずさんな管理による不適切事案が頻発したこと、さらには韓国が輸出管理当局同士の緊密な意見交換に応じてこなかったからだった。

「韓国の半導体産業に大打撃」「輸出管理の恣意的運用も」発動直後から誤解に基づく不必要にあおる報道が横行した。こうした日本の報道を韓国は真に受けて猛反発した。これらは輸出管理への無理解からくるものだった。

誤解① 輸出規制の発動?

そもそもこれは、通常の手続きに戻すもので「輸出規制の発動」ではない。今回の措置は韓国向けの輸出について、2004年から特別に優遇して簡略化していた「包括許可」の手続きを、03年までの「個別許可」の手続きに戻すものだった。

そして「個別許可」が輸出管理の世界では国際的な原則で、特別に信頼できる相手国についてのみ、「包括許可」を認めている。他のアジアの国々に対しては個別許可だ。また欧州連合（EU）も韓国を特別優遇していない。それでどうして「自由貿易に逆行する輸出規制」なのか。

誤解② 韓国の半導体産業に大打撃？

私は当時から「個別許可になっても正常な取引は許可され深刻な影響を与えない。空騒ぎだ」と指摘してきた。

個別許可になったところで、普通のまともな取引は許可される。現にもともと個別許可になっている台湾をはじめ他のアジア諸国向け輸出には何ら支障が生じていない。それにもかかわらず、相変わらず不安をあおって〝空騒ぎ〟した。蓋を開けてみると、現に韓国とのまともな取引に支障は出ていなかった。

日本における歪んだ報道を真に受けた文在寅前政権は日本政府への反発を強め、「脱日本依存」を掲げて、国産化への旗振りに躍起になった。しかしこれは虚勢を張ったものだった。日本のメディアも3年過ぎたころからやっと気づいて、「韓国の国産化が足踏み。脱日本は進んでいない」と修正している。

誤解③　いわゆる元徴用工問題への対抗措置？

「輸出管理当局同士の対話で問題が解決されるよう期待する」

この問題での安倍総理（当時）の発言だ。元徴用工問題と明らかに切り離している。日本政府も「輸出管理の世界で完結して処理する」との方針を再三明確にしていた。

それにもかかわらず、日本のメディアやコメンテーターの一部はこう繰り返していた。「日本の輸出規制は元徴用工問題への対抗措置。元徴用工問題が解決しなければ、輸出規制の撤回はない」

こうした発言で、かえって日韓関係を悪くしていった。

これら以外にも様々な誤解があった。

「基本的に輸出を許可しない方針で、事実上の禁輸措置だ」「産業、供給網への影響は審査の運用次第だ」。「世界貿易機関（ＷＴＯ）協定違反の疑いもあるグレーな措置だ」。これらは輸出管理への無理解からくる誤解だ。詳細はここでは省く。

私は連載の中で繰り返しこう指摘し続けた。

「韓国が輸出管理の審査体制や3品目の管理などを改善解決する問題だ」

こうした当たり前のプロセスを政治問題化せずに行うことが、「大人の関係」になれるかどうかの試金石だ。この問題はあくまでも輸出管理の世界で完結させて、その論理で粛々と処理すべきだ。

これは逆も言える。

今後、韓国の将来の政権において、またこうした中国への流出など輸出管理上の懸念が出てきた場合は、再度、元の厳しい対応に戻すこともあり得る。そうした事態に備えて、一連の歪んだ報道の在り方を厳しく検証しておくべきだろう。

あとがき

世界は米中超大国の対立によって、「自国第一」の保護主義、一方的措置や経済的威圧が横行する「パワーゲームの時代」に突入した。日本は人口、領土、資源、軍事力、いずれをとっても勝ち目はない「ミドルパワーの国」として正念場を迎えている。

私がこうした問題意識を持ったのは1980年代後半だった。当時、通産省で国際経済を担当していた。世界は80年代もブロック経済化の危機に直面していたのだ。北米では米国とカナダ、メキシコが北米自由貿易協定（NAFTA）の締結へと動き、欧州は87年に市場統合を打ち出して、ブロック経済化の懸念が高まった。これに危機感を持ったのが日本で、そこからアジア太平洋経済協力（APEC）構想が生まれた。同じミドルパワーのオーストラリアと協力して具体化し、今日に至っている。今では当時のこうした経緯は多くの人に忘れられている。

米中デカップリングが語られ、ブロック経済化の危機が再来している今、こうした歴史を振り返ると、日本もミドルパワーとして活路を見いだせるのではないかとの期待も持ち続けている。

2017年2月から日経ビジネスの電子版で「細川昌彦 深層・世界のパワーゲーム」の連載がスタートした。第1期トランプ政権が発足して、これから「パワーゲーム」が繰り広げられるとの見立ての下で考えたタイトルだった。それから今日までの8年間で寄稿は160本以上に上る。「パワーゲーム」もさらにバージョンアップして、「トランプ2・0」として展開されようとしている。予測不能といわれるトランプ政権もこれまでの連載を改めて振り返ると、見えてくるものもある。

さらに私が本書でお伝えしたかったことがもう1つあった。

私は日本企業の方々から「中国とビジネスでどう向き合うか」「そのリスクにどう対応したらいいのか」などの悩み、ご相談をお聞きすることがますます多くなっている。そこで中国・習近平政権の動きについても、日本企業が直面するリスクとして連載でも警鐘を鳴らし続けてきた。米中対立の激化に伴って技術流出リスクは高まっているので、本書でも今日の時点で見直して極力、具体的にお伝えしようとした。

本書はこれまでの連載をベースに見直しつつ、新たに書き下ろしたものも加えたものである。日経ビジネスの熊野信一郎編集長には8年前のトランプ政権スタート時に連載を始めるきっかけを頂き、以来様々なご示唆を頂き続けた。さらにそれが本書の緊急出版に至ったご縁に心からお礼申し上げたい。

またトランプ政権が再起動した直後で、事態は日々激動している中での執筆であったので、締め切りギリギリまで書き足す必要に迫られていた。出版社でご担当いただいた村上富美さんをはじめ竹居智久さん、白壁達久さんにはそうした無理をお聞きいただいた。ここに深く感謝したい。さらに妻、知恵には常に読者目線で連載にもコメントしてくれたことに感謝したい。

本書が世に出るころには、さらに取り巻く状況は難しくなっているかもしれない。引き続き日経ビジネス電子版での連載でこの激動を読み解いていきたい。ご興味のある方は併せてご覧になっていただければありがたい。

2025年2月　細川昌彦

細川 昌彦 Masahiko Hosokawa

明星大学教授、国際経済交流財団特別参与。

1955年1月生まれ。77年東京大学法学部卒業、通商産業省入省。山形県警警務部長、貿易局安全保障貿易管理課長などを経て、通商政策局米州課長、貿易管理部長など通商交渉を最前線で担当、在職中にスタンフォード大学客員研究員、ハーバード・ビジネススクールAMP修了。中部経済産業局長、日本貿易振興機構ニューヨーク・センター所長。経済産業省退職後、中部大学特任教授を経て現職。いくつかの企業のアドバイザーも務める。テレビ出演、講演など多数。

著書に『メガ・リージョンの攻防』(東洋経済新報社)、『暴走トランプと独裁の習近平に、どう立ち向かうか?』(光文社)など。

日経ビジネス電子版に「細川昌彦 深層・世界のパワーゲーム」連載中、産経新聞「正論」欄執筆メンバー。

トランプ2.0 米中新冷戦
予測不能への備え方

発行日	2025年3月10日 第1版第1刷発行 2025年4月4日 第1版第2刷発行
著者	細川 昌彦
発行者	松井 健
発行	株式会社日経BP
発売	株式会社日経BPマーケティング 〒105-8308 東京都港区虎ノ門4-3-12
カバー写真	アフロ
装丁	中川 英祐(トリプルライン)
レイアウト・DTP・作図	中澤 愛子
校正	聚珍社
編集	村上 富美
印刷・製本	TOPPANクロレ株式会社

本書籍に関するお問い合わせ、ご連絡は下記にて承ります。
https://nkbp.jp/booksQA

ISBN 978-4-296-20769-5